商业短视频文案与剧本创意干货88招

苏航◎编著

U0314450

化学工业出版社

·北京·

内 容 简 介

本书是由 10 万册级畅销书作者、文案行家,将书中内容分为文案创作和剧本创意两条线编写的,以帮助读者快速成为短视频文案高手。

一条是文案创作线,详细介绍了 10 款热点追踪工具、6 种好看的字体、13 个高清图片素材网站、8 个文案素材网站等,来帮助短视频运营者创作短视频文案,通过标题文案、剧情文案、吸粉文案、成交文案的模板和公式,让短视频运营者快速进阶为文案大神。

一条是剧本创意线,详细介绍了脚本编写的框架流程、脚本编写技巧、剧本编写要点、剧本的情节设计、剧本的创意玩法,以及 Vlog 剧本的编写等,这些方法和技巧可以帮助运营者创作出更好的短视频剧本。

本书结构清晰、语言简洁,对于文案写作与剧本创作具有较强的指导性和针对性,适合对文案感兴趣的短视频运营者、短视频创业者,以及从事电商的人群,还能作为培训机构辅导书籍。

图书在版编目(CIP)数据

商业短视频文案与剧本创意干货88招 / 苏航编著.
—北京:化学工业出版社,2021.4
(商业短视频从小白到大师)
ISBN 978-7-122-38389-1

Ⅰ.①商… Ⅱ.①苏… Ⅲ.①网络营销－营销策划
Ⅳ.①F713.365.2

中国版本图书馆CIP数据核字(2021)第017653号

责任编辑:李 辰 孙 炜　　　　　　装帧设计:盟诺文化
责任校对:边 涛　　　　　　　　　　封面设计:异一设计

出版发行:化学工业出版社(北京市东城区青年湖南街 13 号　邮政编码 100011)
印　　装:北京瑞禾彩色印刷有限公司
710mm×1000mm 1/16　印张 15 3/4　字数 400 千字　2021 年 6 月北京第 1 版第 1 次印刷

购书咨询:010-64518888　　　　　　售后服务:010-64518899
网　　址:http://www.cip.com.cn
凡购买本书,如有缺损质量问题,本社销售中心负责调换。

定　价:68.00 元　　　　　　　　　　　　　版权所有　违者必究

前　言

短视频行业无疑是近年来发展速度最快的行业之一。这不仅体现在抖音、快手和微信视频号等短视频平台不断涌现，并获得了庞大的用户群，更体现在越来越多的人在闲暇时间都刷起了短视频，甚至很多人都用刷短视频代替了原来的娱乐项目。也正是因为看到了短视频行业的快速发展，所以许多人都涌入了短视频行业，并且还有一部分人正在打算通过短视频进行创业。

作为一名多年从事短视频创作的短视频运营者，笔者在短视频文案创作方面积累了一定的经验。再加上市场上对于短视频文案实战类图书的需求大，而市场上能满足人们这种需求的图书又比较少。于是，笔者便结合自身的运营实践，推出了本书。与大多数短视频图书不同的是，本书是专注于讲解短视频文案创作的实战类图书。全书通过 12 章内容对与短视频文案相关的知识点进行了全面的解读，具体如下。

一、文案创作

短视频文案创作是短视频创作的基础，它主要包括文案策划、文案素材、标题文案、剧情文案、吸粉文案、成交文案和文案特效 7 大内容。

（1）文案策划：短视频文案策划是制作短视频较为重要的一个环节，从其作用来看，优秀的短视频文案能够与观众建立情感连接，引发共鸣，能够给短视频账号带来流量。

（2）文案素材：对于一个优秀的短视频运营者而言，需要学会运用网站工具来帮助自己创作。

（3）标题文案：许多短视频用户在看一个短视频时，首先注意到的可能就是它的标题。因此，一个短视频的标题好不好，对它的相关数据有很大的影响。

（4）剧情文案：剧情文案是短视频制作的基础，剧情文案编写得好，拍出来的短视频通常也差不了。

（5）吸粉文案：吸粉引流一直以来都是短视频账号运营过程中的重点和难点，也是短视频运营者必须要攻克的。

（6）成交文案：通过短视频带货是许多短视频运营者的主要变现方式之一。而短视频的带货效果又与短视频成交文案有着直接的关系。所以，在通过短视频带货的过程中，短视频运营者需要掌握成交文案的制作，通过成交文案来引爆销量，激发用户的购买欲望。

（7）文案特效：在抖音上刷短视频的时候，大家常常可以看到很多短视频中都添加了字幕效果。这些字幕或者是歌词，或者是语音解说，能够让观众在15秒内看到、看懂更多的视频内容。同时，这些字幕还有助于观众记住拍摄者要表达的信息，吸引他们点赞和关注。

二、剧本创意

短视频剧本创意是短视频成为爆款的前提，它主要包括脚本编写、剧本策划、情节设计、剧情创意和Vlog剧本5大内容。

（1）脚本编写：编写脚本是短视频拍摄的前提。只要脚本编写得好，短视频通常都会得到不错的播放量。

（2）剧本策划：剧本是服务于实际拍摄的，不仅要从账号的实际情况出发，如演员、场景、道具等条件，而且还要符合短视频账号的定位。好的剧本策划，会给短视频带来巨大的流量。

（3）情节设计：情节是短视频的重要组成部分。许多短视频用户之所以喜欢刷短视频，主要是因为许多短视频的情节设计足够吸引人。

（4）剧情创意：相比于一般的短视频，那些带有剧情创意的短视频往往更能吸引用户的目光。

（5）Vlog剧本：Vlog视频生动有趣，更有视觉冲击感，现在它渐渐地成为一种流行的记录生活的方式。

本书由苏航编著，参与编写的人员还有张亮等人，在此表示感谢。由于作者知识水平有限，书中难免有错误和疏漏之处，恳请广大读者批评、指正，微信号：2633228153。

目　录

第4章　剧情文案：8个技巧提升短视频关注度

第5章　吸粉文案：7个高招让短视频流量暴涨

第6章　成交文案：6个技巧写出爆款成交文案

第10章 情节设计：9个技巧让短视频登上热门

第11章 剧情创意：8个技巧增加短视频的吸引力

第12章 Vlog剧本：7个技巧打造爆款短视频

第1章

文案策划：
7项准备工作必须要做好

短视频文案策划是短视频制作较为重要的一个环节，从其作用来看，优秀的短视频文案能够与观众建立情感连接，引发共鸣，能够给短视频账号带来流量。

那么，如何更好地进行文案策划呢？本章将对短视频文案的编写进行重点分析。

了解文案：短视频文案会影响视频的完播率

随着社会的不断发展，文案的应用越来越广泛，从事文案创作的人员也在不断增多。那么，文案创作者需要了解哪些内容呢？本节将介绍文案的基础知识。

1.文案的基本概念

文案，最初是指用于放书的桌子，后来泛指在桌子上写字的人。现在所说的文案就是用文字、图片、视频等内容进行表现的创意，也指在公司里从事文字相关工作的人。在实际的写作应用中，文案在内容上是"广告文案"的简称，由英文 copy writer 翻译而来。文案有广义和狭义的区别，如图 1-1 所示。

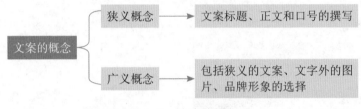

图 1-1　文案的概念

互联网的不断发展使网络平台推广变得越来越普遍。基于此，越来越多的人开始使用短视频等平台进行文案营销。短视频文案是在短视频平台上用短视频内容来体现广告创意的一种宣传方式。

2.文案的内容构成

在短视频文案中，一般都会包含文字和视频画面，二者的形式虽然不同，但还是服务于同一个主题的。因此，在撰写短视频文案内容时，必须将文字和视频画面紧密结合起来。短视频中的文字是短视频主题的体现，在内容上往往也是推广的诉求重点，针对短视频标题的相关分析如图 1-2 所示。

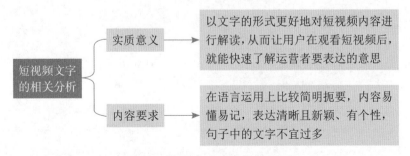

图 1-2　短视频文字的相关分析

对于任何行业而言，要想打败竞争对手，获得目标用户的认同，就不能没有品牌宣传和推广，而短视频的文案就是宣传推广中最为直接有效的部分，其具体分析如图 1-3 所示。

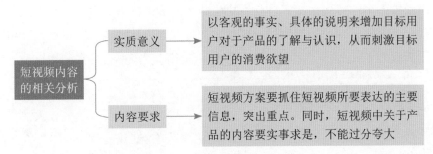

图 1-3　短视频内容的相关分析

3. 文案种类分析

从文案的营销作用这一角度来分类，常见的短视频文案包括以下 3 大类。

（1）推广类文案

短视频文案在短视频内容的推广优化上，其作用是不同凡响的。一个好的短视频文案，不仅能给商家起到不错的宣传推广作用，而且能通过一传十、十传百的传播，为商家带来较为可观的客流量。

（2）公众类文案

公众类短视频文案有助于企业或机构处理好内外公关关系，以及向公众传达企业各类信息。公众类文案可以分为公关文案与新闻文案。公众文案就是通过培养良好的公众关系来帮助企业或机构组织塑造良好的形象。

有的企业就是通过公众类短视频文案来处理公众关系的。一旦企业发生口碑危机，就在第一时间通过短视频来进行公关，维护企业的良好形象，避免对企业或品牌口碑造成负面影响。

（3）品牌力文案

品牌力短视频文案指有助于品牌建设，累积品牌资产的文案。品牌力文案一般由企业主导，可以自己撰写，也可以找人代写。撰写的角度多半有利于提升品牌知名度、美誉度和忠诚度。

在笔者看来，品牌力离不开故事推广，甚至可以说故事推广决定了品牌力。一个广告的好坏取决于文案的内容，一个品牌的传播离不开它的品牌价值，而讲故事又是传达品牌价值的一种重要方式。因此，在短视频文案创作的过程中，创作者要通过短视频故事去传播品牌，传承品牌价值，从而创造传奇品牌。

4.文案的价值体现

在现代商业竞争中，精彩的短视频文案往往能够让一个企业在众多的同类型公司中脱颖而出。短视频文案是竞争的利器，更是企业的核心和灵魂所在。

对于企业而言，一个优质的短视频文案可以促进品牌推广，提高人气和影响力，进而提升企业声誉，帮助企业获得更多的用户。短视频文案的作用是十分广泛的，尤其是在广告业蓬勃发展的商业社会中。

短视频文案在网络营销推广中之所以具有举足轻重的作用，主要是因为好的短视频文案能为运营者带来大量的流量，如果将流量加以转化，就可产生较大的商业价值。

在众多的网络推广方式中，短视频文案以可看性强、流通性广、效果持久等特点广受追捧。短视频文案具体有什么样的作用呢？主要包括以下 3 点。

（1）提高关注度

同一时间段发布大量短视频，可以很快地使得推广的产品或内容获得广泛的关注。这一点对于品牌新产品的宣传推广来说特别重要，正是因为如此，许多企业在新产品推出之后，都会通过相应的短视频文案来进行宣传推广。

（2）增强信任感

通过短视频平台进行营销，最主要的一个问题就是用户对于短视频运营者的信誉会有所怀疑。因此，短视频运营者在创作短视频文案的过程中，可以宣传自己公司的形象、专业的领域，尤其是提供敏锐的洞察力，去解决用户的实际问题，从而增强用户对短视频运营者的信任感。

如果短视频文案的内容和用户切身相关，并能为用户提供实际的有建设性的帮助和建议，那么短视频文案就能更好地说服用户，让用户对短视频运营者多一份信任感。

（3）传播价值观

短视频文案不同于广告，这主要是因为短视频文案在很大程度上带有个人的分析，而不只是将内容广而告之，这属于自己价值观的一种表达。

在短视频文案中不仅可以表达自己的观点，而且可以宣传产品，引导用户进行消费。如果短视频中的内容获得了用户的认同，还可以与其讨论共同进步。

5.创作的基本素质

对于品牌推广而言，对内对外的宣传都是极为重要的。专业的文案创作者对于品牌推广的作用和影响是十分明显的。短视频文案创作者主要分为 3 类，分别是公司的雇员、自由撰稿人士和内容创业者。

不管是哪一类短视频文案创作者，都需要具备相关的基本素质。除了必备的工作素养之外，短视频文案创作者还应该有很强的沟通和协调能力。因为在日常工作中，还需要跟摄影师和运营人员沟通，通过相互协作来完成工作。

短视频文案涉及的领域有很多，不同文案创作人员的能力不尽相同。通常来说，在职位招聘中，对短视频文案创作人员的能力要求主要集中于 4 个方面，相关分析如图 1-4 所示。

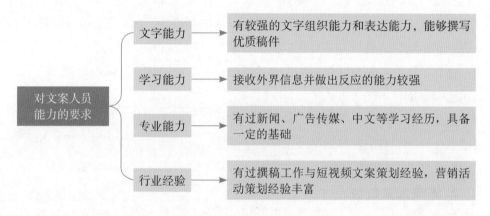

图 1-4　对文案人员能力的要求

短视频文案创作的工作并不是独立存在的。在文案创作过程中，摄影师和文案创作人员及运营人员是需要充分沟通、相互配合的。为了让短视频文案得到落实，三者在沟通时就要注意 4 个方面的内容，如图 1-5 所示。

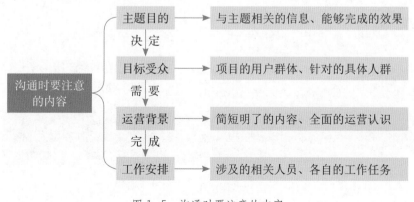

图 1-5　沟通时要注意的内容

抓住主题：挖掘重点，从而吸引用户的注意力

如何让短视频文案更加精美、内容更加吸引眼球？如何把握文案创作的核心，快速打造吸睛的短视频文案呢？下面将从 7 个方面进行探讨。

1. 挖掘用户痛点

企业想要让自己的短视频文案成功吸引用户的注意力，就需要将短视频文案变得有魔力，这种魔力可以从"痛点"中获取。什么是"痛点"呢？所谓的"痛点"，是指用户在正常的生活当中所碰到的问题、纠结和抱怨。如果这件事情不能得到解决，那么用户就会浑身不自在，甚至会感到痛苦。如果文案创作者能够将用户的"痛点"体现在短视频文案中，并且给予解决方法，那么这样的短视频文案就会快速引起用户的注意力。

总之，以"痛点"为核心，找到解决"痛点"的方法，并且将方法和企业产品联系在一起，最后巧妙地融入文案的主题中，明确地传递给受众一种思想，帮助他们找到解决问题的方案。

2. 体现文案价值

优秀的短视频文案，必定会具备一定的价值。一般而言，优秀的短视频文案除了要提及需要宣传的内容，还要充分体现新闻价值、学习价值、娱乐价值及实用价值，具体内容如图 1-6 所示。

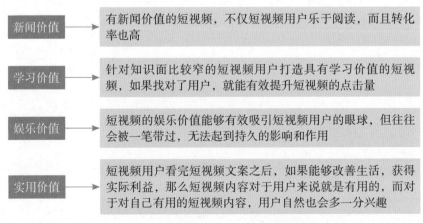

新闻价值	有新闻价值的短视频，不仅短视频用户乐于阅读，而且转化率也高
学习价值	针对知识面比较窄的短视频用户打造具有学习价值的短视频，如果找对了用户，就能有效提升短视频的点击量
娱乐价值	短视频的娱乐价值能够有效吸引短视频用户的眼球，但往往会被一笔带过，无法起到持久的影响和作用
实用价值	短视频用户看完短视频文案之后，如果能够改善生活，获得实际利益，那么短视频内容对于用户来说就是有用的，而对于对自己有用的短视频内容，用户自然也会多一分兴趣

图 1-6 优秀短视频文案的 4 个价值

提供实用知识和技巧的短视频文案往往能够得到短视频用户的青睐，虽然文

案的价值不局限于实用技巧的展示，但从最为直接和实际的角度来看，能够提供行之有效、解决问题的方法和窍门，是广大短视频用户都乐意接受的。这也是短视频文案需要具备价值的原因之一。

3. 拉近与用户的距离

撰写优秀短视频文案的第一步，就是寻找用户感兴趣的话题。对此，短视频运营者可以搜索相关的资料进行整理，"生产"出用户感兴趣的内容，消除与用户之间的陌生感，从而取得用户的信任。

我们要记住一点，短视频文案的受众是广大的用户，这是文案创作的基本前提和要素。不同类型的用户对文案的需求也是不一样的。那么在创作文案的时候，到底应该怎么把用户放在第一位呢？

在创作文案时主要有 3 点技巧，即根据对象设定文案风格、根据职业使用相关的专业语言，以及根据需求打造不同走向的短视频内容。掌握了这些技巧，就能够拉近与用户的距离。

4. 紧跟时事热点

所谓"时事热点"，即可以引起众人重点关注的中心事件或信息等，紧跟热点的文案可以增加点击量。值得注意的是，大部分人群都对热门的事物感兴趣，因此热点一般都会吸引大多数人的眼球。

由于短视频平台具有即时性的特点，因而使得时事热点的传播有了可能。特别是抖音和快手等短视频平台，作为重要的社交平台，这些短视频平台都拥有数量庞大的用户。因此在这些短视频平台上，打造紧抓时事热点的短视频文案，利用短视频平台进行传播，有利于实现短视频文案内容的快速传播。

那么，打造文案时要如何牢牢抓住热点呢？文案又怎样与热点紧密结合呢？笔者将其技巧总结为 3 点，如图 1-7 所示。

图 1-7　短视频文案抓住时事热点的技巧

在短视频平台上，有各式各样的短视频账号，平台每天都会推送各种内容。为了尽可能吸引人们的眼球，文案创作者们都会苦思冥想，仔细斟酌，而紧跟热点就是他们常用的方法之一，这种方法也能有效提高短视频的点击量。

5. 展示使用场景

短视频文案并不只是简单地用画面堆砌出一条短视频就万事大吉了，而是需要让用户在查看短视频内容时，能看到一个与生活息息相关的场景，从而产生身临其境的感觉。如此一来，短视频文案才能更好地勾起用户继续查看短视频内容的兴趣。

一般来说，文案创作者在创作文案时，有两种打造短视频文案场景的方法。一种是特写式，在短视频文案中将特定场景中具有代表性、特征性的典型情境集中、细致地凸显出来。另一种是鸟瞰式，在短视频文案中较全面地写出特定场景的景象和气氛，展现一个完整的艺术画面。

6. 使用网络用语

网络用语是人们日常生活中常用的语言之一，虽然有时候网络用语不太规范，但因为被大众广泛使用，所以当短视频运营者在短视频文案中使用网络用语时，许多用户还是可以理解的。

网络用语在一段时间内可能会成为热门用语，此时，运营者在短视频中使用该网络用语可以快速吸引用户的注意力，拉近与用户的距离。

事实上，短视频文案中的语言最主要的特点就是真实和接地气，使用网络用语也是为了贴近目标人群的用语习惯，抓住用户的爱好和需求。

7. 内容短小、精悍

随着互联网的快速发展，碎片化的阅读方式已经逐渐成为主流，大部分用户看到时长较长的短视频时可能会产生抵触心理。即使有的用户愿意查看时长较长的短视频，但也很难坚持看完。

从制作成本的角度来看，时长较长的短视频，拍摄的时间可能要长一些，进行后期处理的时间也更长一些，如果短视频文案的反响不好，那就是"赔了夫人又折兵"了。短视频文案的制作，"小而精美"是关键所在。也就是说，成功的短视频文案应该具备短小、精悍的特点。

如此一来，用户就能很快了解短视频的内容，从而获取短视频创作者想要传达的重点信息。小而精美，并不是说短视频文案只能短不能长，而是要尽可能地做到言简意赅、重点突出，让用户看完你的短视频文案之后，能够快速了解短视频想要传达的重要信息。

热点追踪：短视频运营 10 款必备热点工具

　　短视频账号的打造需要短视频运营者具有持续生产优质内容的能力，否则可能会导致粉丝总量、点赞总量、评论总量乃至转发分享总量停滞。视频内容创作和推送的不稳定，容易造成粉丝增量的起伏。

　　那么如何建立我们的选题库？如何做好竞品分析？如何通过引入热点为我们的作品带来流量？

　　这就需要我们思考，通过对新媒体热点的追踪和相关视频尤其是爆款视频的数据分析来获取我们的选题和构思来源，指导我们的内容创作工作。下面介绍10 款必备热点工具，如图 1-8 所示。

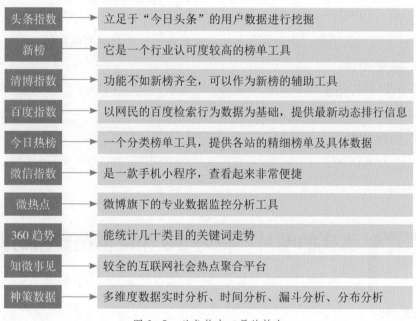

图 1-8　必备热点工具的特点

好看的字体：这几个字体网站一定要收藏好

　　在短视频的制作过程中，短视频运营者为了使短视频的内容展现更直观生动，往往会加入字幕解说等。

在使用文字的过程中，短视频运营者一般都会选用一些比较好看的字体，但是大家常常会忽略自己所使用的字体是否会侵权。下面笔者为大家介绍几个可以免费商用的字体库。

1. 方正字库

方正字库主要包括 4 种字体：方正黑体、方正书宋、方正仿宋、方正楷体。针对"商业发布"这种使用方式免费，不过需先获得方正公司的正式书面授权书，才可以进行商业发布。

2. 思源字体

思源黑体和思源宋体是 Adobe 与 Google 之间的大量合作，以及合作伙伴公司参与的成果，这些字体以开源许可证的形式在 GitHub 上发布。

3. 站酷字库

站酷字库的免费字体主要有 7 种：站酷庆科黄油体、站酷文字体、站酷小薇 LOGO 体、站酷酷黑体、站酷意大利体、站酷快乐体、站酷高端黑体。

4. 华康字体

华康字体主要有 45 款，如华康布丁体，不过这些字体仅可以在阿里平台免费使用。

5. 汉仪字体

汉仪字体主要有 18 款，如汉仪中黑，不过字体仅可以在京东平台免费使用。

漂亮的图片：记好 13 个高清图片素材网站

高清的图片素材哪里找？笔者在这里一次性给大家分享 13 个专业运营都在用的高清素材网站。

1. Pexels

Pexels 网站的主要特点为图片是高清的，如图 1-9 所示。

2. Pixabay

Pixabay 网站的主要特点为图片类型非常丰富，网站支持中文搜索，图片可免费使用，如图 1-10 所示。

图 1-9　Pexels 网站首页

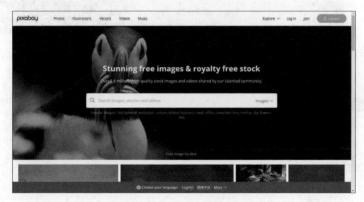

图 1-10　Pixabay 网站首页

3. Pingimg

Pingimg 网站的主要特点为有 9 万多张无背景素材图片，并且网站加载速度较快，如图 1-11 所示。

图 1-11　Pingimg 网站首页

4. StockSnap

StockSnap 网站的主要特点为它是由专业摄影师协办组建的，并且图片质量较高，如图 1-12 所示。

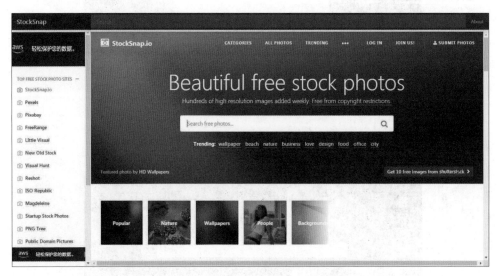

图 1-12　StockSnap 网站首页

5. Magdeleine

Magdeleine 网站的主要特点为图片素材是免费的，并且质量较高，还可以通过颜色来搜索图片，如图 1-13 所示。

图 1-13　Magdeleine 网站首页

6. Foodiesfeed

Foodiesfeed 网站的主要特点为它是专门面向美食的免费高清图库，有着海量的美食图片，如图 1-14 所示。

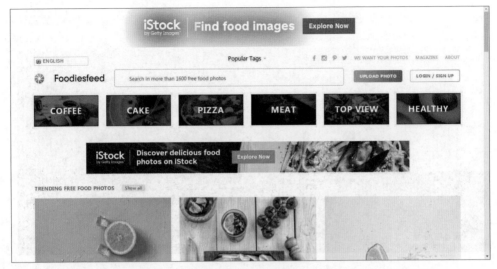

图 1-14　Foodiesfeed 网站首页

7. LifeOfPix

LifeOfPix 网站的主要特点：它的图片库以欧洲旅游景观为主，大多都是法国、英国、芬兰和瑞典等国家的景色图片，如图 1-15 所示。

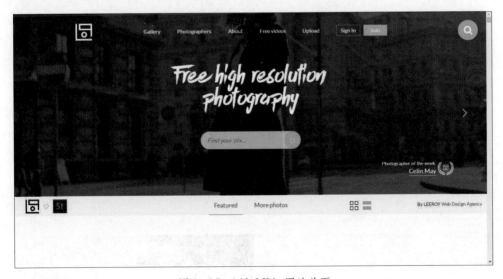

图 1-15　LifeOfPix 网站首页

8. Unsplash

Unsplash 网站的主要特点：它的图片库以风景为主，并且图片数量非常多，如图 1-16 所示。

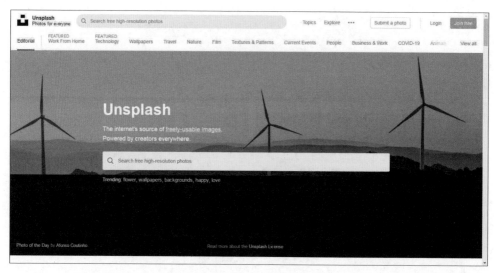

图 1-16　Unsplash 网站首页

9. Kaboompics

Kaboompics 网站的主要特点：它的图片素材大多是网页设计类型的，比较有设计感，如图 1-17 所示。

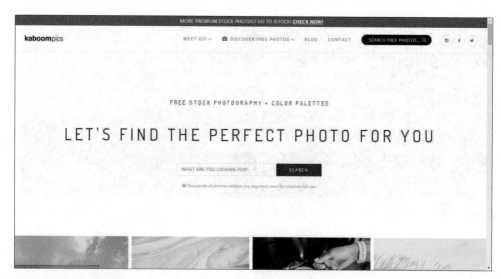

图 1-17　Kaboompics 网站首页

10. visualhunt

visualhunt 网站的主要特点为用户可以通过颜色来搜索图片，而且图片数量多，如图 1-18 所示。

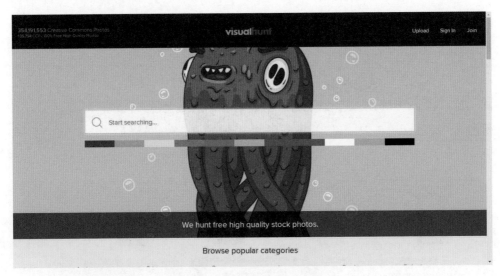

图 1-18　visualhunt 网站首页

11. 沙沙野

沙沙野网站的主要特点：它是国内较大的免费高清图片素材库，网站文字都是中文，方便使用，如图 1-19 所示。

图 1-19　沙沙野网站首页

12. 千图网

千图网网站的主要特点：它是国内较大的免费设计素材库，不过图片免费下载次数有限制，如图 1-20 所示。

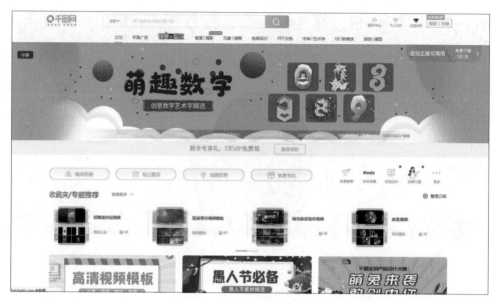

图 1-20　千图网网站首页

13. 拍信

拍信网站的主要特点：它是国内的高品质创意共享平台，如图 1-21 所示。

图 1-21　拍信网站首页

TIPS 006　内容有创意：策划选题找不到灵感，试试这个方法

短视频账号运营者要想更高效率、更高质量地完成短视频文案创作，除了掌握写作技巧，还需要学会玩转文字，让表达更符合用户的口味。对于正在创作中的短视频文案，要想突出短视频文案的特点，那么，在保持创新的前提下，需要通过多种方式更好地打造短视频文案本身。

短视频文案创作主要有 8 个方面的要求，具体为词语优美、方便传播、易于识别、内容流畅、契合主题、易于记忆、符合音韵和突出重点。短视频账号运营者如果想不到选题，可以从以下 6 个方面出发。

1. 内容重点突出

短视频文案的主题是整条短视频的生命线，作为一名短视频账号运营者，主要职责就是设计和突出主题。短视频文案要以内容为中心，确保主题的绝妙性和真实价值，整条短视频的成功主要取决于短视频文案。图 1-22 所示为重点突出的文案类型的短视频。

图 1-22　重点突出的文案类型的短视频

该短视频直接将自己的主要内容概括用较大的字号写了出来，放在了视频画面的上方，让短视频用户一看就能明白。不过短视频要以内容为中心，要花时间确保主题的精准性，才会让短视频有一定的真实价值。

在任何一个文案中，中心往往是最为醒目的地方，整个文案的成功主要取决于文案的主题。优秀的视频文案应该是简洁突出的，重点包括产品、媒介和目标群体，形式上不花哨，更不啰唆。

需要注意的是，短视频运营者要想突出文案的中心内容，还要提前对相关的受众群体有一个定位。比如，一款抗皱能力突出的衬衣，其相关的定位应该从以下 3 个方面入手，如图 1-23 所示。

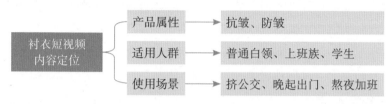

图 1-23 衬衣文案的内容定位

除了醒目的中心内容，短视频文案中的重点信息也必须在一开始就传递给用户。因为如果开始的内容没有抓住用户的需求，用户很可能会换到另外一条短视频。

2. 语言通俗易懂

文字要通俗易懂，能够做到雅俗共赏，这既是短视频文案的基本要求，也是在处理短视频文案的过程中，短视频运营者必须了解的。

从本质上而言，通俗易懂并不是要将文案中的内容省略掉，而是通过文字展示具体的内容，让用户在看到短视频文案之后，便心领神会。图 1-24 所示为通俗易懂的文案。

图 1-24 通俗易懂的文案

从通俗易懂的角度出发，我们追求的主要是文字所带来的实际效果，而非文字上的知名度。那么，如何让文字起到更好的实际效果呢？短视频运营者不妨从以下 3 个方面进行考虑，如图 1-25 所示。

图 1-25　实现文字实际效果的方法

3. 删除多余内容

成功的文案往往表现统一，失败的文案则原因众多。在可避免的问题中，文字的多余累赘是失败的主因，其导致的结果主要包括内容毫无意义、文字说服力弱和问题模棱两可等。

解决多余文字最为直接的方法就是将其删除，这也是强调与突出关键字句最为直接的方法。例如，某美妆品牌的口红广告短视频文案，可以看到它便是直接告诉用户产品的颜色，还有现在的优惠，快速吸引用户眼球，如图 1-26 所示。

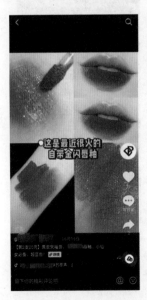

图 1-26　某软件的广告文案短视频

删除多余的内容对于广告文案来说其实是一种非常聪明的做法。一方面，将多余的内容删除之后，重点更加突出，用户能够快速把握短视频要传达的意图。

另一方面，将多余的内容删除之后，内容将变得更加简练，同样的内容能够用更短的时间进行传达，用户不容易产生反感情绪。

4. 少用缩略语和专业语

在现实生活中，十分常见。比如，在家电维修业中，集成电路称作 IC；添加编辑文件称加编；大企业中称行政总裁为 CEO 等。

缩略语的实用性往往不一，但是从短视频文案创作的角度出发，往往需要将缩略语用更简洁的方式替代。缩略语的通用性比较强，但是文案中往往不太需要。相关的数据研究也显示，缩略语并不适合给大众阅读，尤其是在快节奏化的生活中，节省阅读者的时间和精力，提供良好的阅读体验才是至关重要的。

专业术语是指特定领域和行业中，对一些特定事物的统一称谓。笔者曾见到某电脑广告文案的部分内容，在这则文案中直接使用了一些行外人看不太懂的词汇，如"GTX1660 super""GTX2080 Ti"等。这样就会让一些不太懂行的路人看得一头雾水。图 1-27 所示为专业术语太强的短视频。

图 1-27 专业术语太强的短视频

当然，减少短视频中专业术语的使用量并不是不能使用专业术语，而是要控制其使用量，并且适当对专业术语进行解读，让用户知道视频文案中专业术语所表达的意思，把专业内容变得通俗化。

5. 精准定位营销

精准定位同样属于文案的基本要求之一，每一则成功的广告文案都具备这一特点。图 1-28 所示为两条男装广告短视频，文案定位精准。

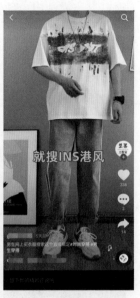

图 1-28　男装广告短视频

这两则广告文案的成功之处就在于根据自身定位，明确地指出了目标消费者是不会穿搭的男生，能够快速吸引大量精准用户的目光。

对短视频运营者而言，要想做到精准的内容定位，可以从 4 个方面入手，如图 1-29 所示。

精准内容定位的相关分析

- 简单明了，以尽可能少的文字表达出视频内容的精髓，保证其信息传播的有效性
- 尽可能地打造精练的视频文案，用于吸引用户的注意力，也方便用户迅速记忆相关内容
- 在语句上使用简短的文字，更好地表达要传达的内容，也防止用户产生阅读上的反感
- 从受众出发，对用户的需求进行换位思考，并将相关的有针对性的内容直接表现在短视频文案中

图 1-29　精准内容定位的相关分析

6. 表达形象生动

形象生动的文案表达，容易营造出画面感，从而加深用户的第一印象，让用

户看一眼就能记住文案内容。例如，关于姓氏头像的短视频文案，便是通过壁纸中文字的个性表达来赢得短视频用户的关注的，如图 1-30 所示。

图 1-30　关于姓氏头像的文案

对于短视频运营者而言，每一则优秀的短视频文案在最初都只是一张白纸，需要创作者不断地添加内容，才能够最终成型。要想更有效地完成任务，就需要对相关的工作内容有一个完整认识。

一则生动形象的短视频文案可以通过清晰的别样表达，在吸引用户关注，快速让用户接收短视频文案内容的同时，激发用户对短视频文案中产品的兴趣，从而促进产品信息的传播和销售。

打造人设：巧用经典语句来表达价值观念

我们见过最多的人设可能是各个明星，人设主要是明星用来展示给社会大众的外在形象。但是人设不仅在公众人物身上，就连微信朋友圈这个封闭的社交圈里也有人设，即用户通过发朋友圈的动态来展示自己，在微信好友心目中建立起一种形象。

人与人之间的交往，第一印象很重要，我们虽然不建议凭第一印象论断别人，但别人会用第一印象来评价你。

所以，对于短视频平台的视频投稿而言，视频内容就是我们给别人的"第一印象"，别人会通过你发布的视频内容，来初步了解你是一个什么样的人，然后再决定是否深入地了解你。

需要注意的是，我们在给自己塑造人设时，最好围绕自己的身份和背景去塑造。一般来说，我们塑造人设可以用以下两种方法。

1. 价值塑造

始于颜值，终于价值。一个成功的人设塑造，最重要的就是价值观的形成。价值观是基于人一定观感之上的认知和理解，对人们的行为和定向有着非常重要的调节作用。

短视频运营者如果能够输出好的价值观，就会吸引更多的粉丝，也能使创作的短视频更加优质。短视频运营者在短视频中插入个人价值观时，应该注意哪些方面呢？具体分析如图 1-31 所示。

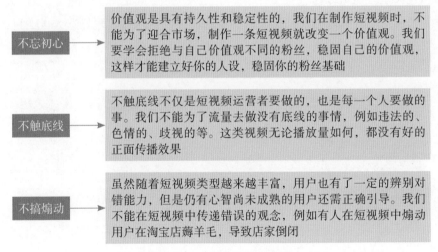

图 1-31　塑造个人价值观

价值观是一个人从出生开始，在家庭、学校和社会的共同影响下而逐步形成的。笔者尊重每一个人的价值观，它是人们对于客观世界独有的看法，是人独立性的重要标志。

但是笔者呼吁大家，短视频账号作为一种信息传播媒介，能够对用户产生一定的影响，切忌在视频中传递不正确的价值观，影响社会的稳定、和谐。

2. 特定标语

特定标语指的是短视频中比较有标志性的语句，俗称"口头禅"。优秀短视频账号的特定标语，几乎都是 1 句话或不超过 3 句话的人设文案。图 1-32 所示为优秀短视频账号的特定标语。

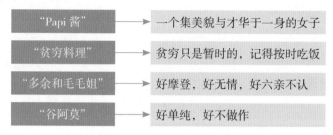

图 1-32　优秀短视频账号的优秀特定标语

特定标语有可能是随意说出的一句口头禅，也有可能是一句符合短视频主题的开头语，这些短视频的文案都是以符合短视频账号人设来进行创作的。通过每个短视频的重复出现，给用户留下记忆点。

短视频运营者可以通过特定标语，结合短视频账号的风格特色、人设形象等因素，来进行短视频的创作，进而获得受众群体的认可，实现打造人设的目的。

打造成功的特定标语，可以从文字和素材本身出发，通过全面认识更好地进行把握，如图 1-33 所示。

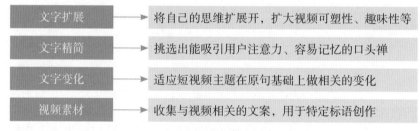

图 1-33　打造成功特定标语的相关分析

在特定标语的构思方面，短视频运营者可以把平日的灵感记录下来，从而运用到短视频中，但运用时不能脱离于短视频的主题。

第 2 章

文案素材：
8 个网站激发你的创作灵感

　　相信很多短视频运营者都遇到过这样的困扰：眼看就要拍视频了，自己却一个字也写不出来，找了半天素材，还是一点思路都没有。对于一个优秀的短视频运营者而言，我们需要学会运用网站工具来帮助自己创作。本章将介绍 8 个网站工具，从而激发短视频运营者的创作灵感。

悟空问答：各行业最新的知识和文章

悟空问答，一个为所有人服务的问答社区，专注分享知识、经验和观念。在这里，短视频运营者可以从数亿互联网用户中找到那个能为自己提供答案的人。图 2-1 所示为悟空问答网站首页。

图 2-1　悟空问答网站首页

悟空问答作为一个获取信息和激发讨论的全新社区，其主要使命是：增长人类世界的知识总量、消除信息不平等、促进人与人的相互理解。

在悟空问答里，短视频运营者可以利用首页界面的分类，来了解社会、娱乐、体育、军事、汽车、财经、科技、育儿、历史、美食、数码、时尚和宠物等内容的新鲜资讯，不断从中获取新的灵感，其网站具体分析如图 2-2 所示。

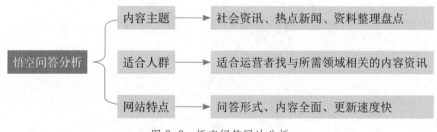

图 2-2　悟空问答网站分析

具体来说，短视频运营者如何在悟空问答里找文案素材呢？短视频运营者可以在首页的分类界面选择合适的板块来查看相关的内容，也可以通过搜索框来搜索关键字，匹配相关的话题内容进行查看。短视频运营者使用悟空问答寻找素材可以让短视频的内容更加充实和专业。

押韵助手：谐音押韵，提高写作效率

押韵助手是一个可以在线查询押韵的字、词、诗、歌的网站，自从押韵助手网站上线以来，一直备受用户好评，是文案、金句、诗词、Rap 歌词创作者的必备神器。图 2-3 所示为押韵助手网站首页。

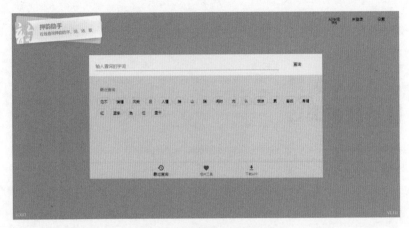

图 2-3 押韵助手网站首页

押韵助手拥有海量的词库，并且稳定地保持更新，其内容主要包括流行词库、唐诗词库、宋词词库、元曲词库、歌词词库和单词词库等。

在押韵助手里，短视频运营者可以利用查询功能，来匹配字词的相关单字、多押、流行、唐诗、宋词、元曲、歌词和单词等内容，进而创作出朗朗上口的文案和短视频台词，其网站具体分析如图 2-4 所示。

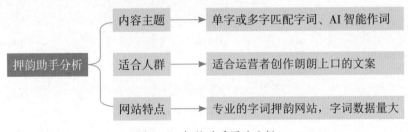

图 2-4 押韵助手网站分析

具体来说，短视频运营者如何在押韵助手里找文案创作素材呢？短视频运营者可以在网页查询框搜索单字来匹配相关押韵字词，从而根据字词结合来创作出优质的短视频文案，或者使用其 AI 作词功能，系统智能创作出短视频文案。短视频运营者使用押韵助手寻找素材，可以让短视频文案和台词更加押韵且朗朗上口。

八哥金句：想要"阳春白雪"来这里

八哥金句有着非常齐全的经典语录资料库，汇集了各个朝代、各个国家、各种情感的经典语录内容，是短视频运营者查找和收藏各种经典语录的最佳网站。图 2-5 所示为八哥金句网站首页。

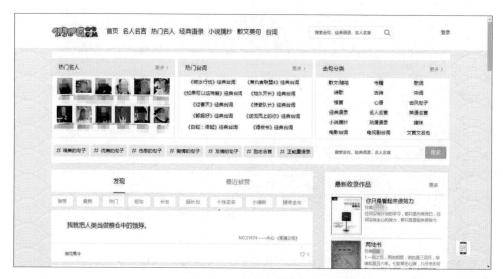

图 2-5　八哥金句网站首页

在八哥金句里，短视频运营者还能按标签查找内容，如唯美的、伤感的、励志的、小清新的，查找起来非常方便，其网站具体分析如图 2-6 所示。

图 2-6　八哥金句网站分析

具体来说，短视频运营者如何在八哥金句里寻找文案创作素材呢？短视频运营者可以在其名人名言、热门名人、经典语录、小说摘抄、散文美句和台词板块直接查找自己需要的内容。比如，小说摘抄里有《孔乙己》《追风筝的人》《苏菲的世界》《西出玉门》《华胥引》等书，点击进去即可查看其经典语录。

虎嗅网：没思路时或许能找到切入点

虎嗅网创办于 2012 年 5 月，是一个聚合优质创新信息与人群的新媒体平台。该平台专注于贡献原创、深度、犀利优质的商业资讯，围绕创新创业的观点进行剖析与交流。图 2-7 所示为虎嗅网网站首页。

图 2-7　虎嗅网网站首页

虎嗅网的核心是关注互联网及传统产业的融合、一系列明星公司的起落轨迹、产业潮汐的动力与趋势。

在虎嗅网里，短视频运营可以从这里为短视频文案找到更专业化的商业资讯内容。尤其是网站的"24 小时"功能，可以使短视频运营者快速了解 24 小时内的热门事件，为短视频运营者的视频创作提供思路，其网站具体分析如图 2-8 所示。

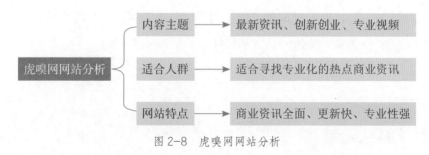

图 2-8　虎嗅网网站分析

具体来说，短视频运营者如何在虎嗅网里找文案创作素材呢？短视频运营者可以点击资讯频道，收集最新的实时资讯素材；点击视频频道，查看最新的优质视频；点击 24 小时频道，了解 24 小时最火信息。

　　除此之外，短视频运营者还可以使用虎嗅网的号外、时间线和文集功能等功能来积累文案创作的素材。用号外来了解"百家之言"，看看大众对热门事件的看法；用时间线来了解时事资讯的热点、痛点和观点，把大事件的脉络掌握于手；用文集来"文海淘金"，在沉淀的内容中寻找短视频文案的创作素材。

梅花网：每一篇文案都能获得高点赞量

　　梅花网是一个集中了国际顶尖品牌产品创意文稿的网站，在短视频运营者学习文案或者创作文案时，可以不断地在这里找到开发灵感的创意设计。图 2-9 所示为梅花网网站首页。

图 2-9　梅花网网站首页

　　除此之外，梅花网不仅汇集了较新的市场营销案例，还为广告公关和市场研究部门提供了各类数据情报，其网站具体分析如图 2-10 所示。

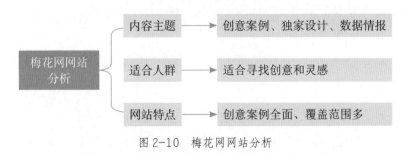

图 2-10　梅花网网站分析

具体来说，短视频运营者如何在梅花网里找创作文案的素材呢？短视频运营者可以利用其短视频、微电影和介绍视频等功能来向优秀的短视频案例学习；利用其插画与动画、包装设计和视觉识别 VI 等功能来了解国际上新的创意。短视频运营者通过使用梅花网不断积累想法和灵感，可以使其短视频文案的创作素材更加有创意。

顶尖文案：超级多元化的文案创造库

TIPS 013

顶尖文案成立于 2003 年，以"启迪灵感"为核心，专注于创意、艺术和人文板块，始终将发掘和组织当代创意文化中最好的部分呈现给用户为己任。图 2-11 所示为顶尖文案网站首页。

图 2-11　顶尖文案网站首页

顶尖文案旨在为中国创意人提供一个灵感补给的驿站、一个相互沟通共同进步的平台，目前已成为国内最受欢迎的创意资讯网站之一。

在顶尖文案里，短视频运营者可以了解到国内最受欢迎的文案、广告、创意，以及设计、建筑、艺术等方面的分享，为短视频的内容增添更多潮流、时尚元素，其网站具体分析如图 2-12 所示。

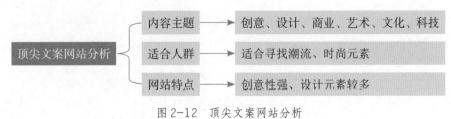

图 2-12　顶尖文案网站分析

31

具体来说，短视频运营者如何在顶尖文案里找创作文案的素材呢？顶尖文案共分为创意、设计、商业、艺术、文化和科技 6 个板块，短视频运营者可以点击网站的各板块进行查看，从中获取创作文案的灵感。短视频运营者使用顶尖文案寻找素材可以让短视频的内容更加时尚、流行。

文案狗：给你的短视频文案创造灵感

TIPS 014

对笔者来说，文案狗的核心用途就是只要你给出一个关键字，它就能生成很多带有这个字的谐音文字，如常用成语、诗词名句和俗语文案等。图 2-13 所示为文案狗网站首页。

图 2-13 文案狗网站首页

在文案狗里，短视频运营者可以通过关键词匹配，把查找匹配到的内容用在短视频的标题或内容里，这都是很不错的创作短视频文案的方法，其网站具体分析如图 2-14 所示。

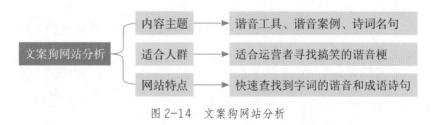

图 2-14 文案狗网站分析

　　具体来说，短视频运营者如何在文案狗里找创作文案的素材呢？短视频运营者可以利用其搜索工具来完成。比如，在搜索框内选择搜索"花"，就会跳转出"花花公子""眼花缭乱""春暖花开"等成语，还可以搜索出"柳暗花明又一村""无可奈何花落去"等诗词，又或者是"才花（华）横溢""站着说花（话）不腰疼"等谐音梗，将这些文字应用到文案里会让短视频更加有趣味性。不过文案狗最大的缺点就是只能单字查找，这就需要发挥各位短视频运营者的文案提炼技巧。

易撰网：包含了所有行业的热门文案

　　易撰网整合了各大平台的数据，是一个文章、视频全方位齐全的素材库。图 2-15 所示为易撰网网站首页。

图 2-15　易撰网网站首页

　　在易撰网里，短视频运营者还可以利用其文章评定分析、爆文数据分析和稀缺内容分析等功能来实现高效工作，其网站具体分析如图 2-16 所示。

图 2-16　易撰网网站分析

　　具体来说，短视频运营者如何在文案狗里找创作文案的素材呢？易撰网拥有头条号、百家号、大鱼号、看点快报、一点号、凤凰号、搜狐号、网易号、趣头条和东方号等多家平台的资源，短视频运营者用易撰网可以对热门内容进行筛选，找出合适的内容进行文案素材的积累。

第 **3** 章

标题文案：
6 类技巧增加短视频的打开率

许多短视频用户在看一条短视频时，首先注意到的可能就是它的标题。因此，一条短视频的标题好不好，将对它的相关数据造成很大的影响。那么，如何更好地撰写短视频标题呢？笔者认为短视频标题的撰写应该是简单、精准的，只要用一句话将重点内容表达出来就够了。

6 大标准：全面评估你的短视频标题

短视频运营者在写文案标题时，要学会抓住要点，只有抓住要点才能准确无误地打造标题。本节笔者将从掌握撰写标题要点的思路出发，重点介绍 6 种打造短视频爆款标题的方法。

1. 切入方式直接

在流行快餐的现在，很少有人能够静下心来认真地品读一篇文章，细细咀嚼，慢慢回味，人们忙工作、忙生活成就了所谓的快节奏。短视频标题也要适应这种快节奏，要清楚、直接，让人一眼就能看见重点。

短视频标题一旦太过复杂，字数过多，便会给用户带去不好的阅读体验。让一个人喜欢你可能很难，但是要让一个人讨厌你却是很容易的。短视频标题也是如此，一旦你的文案标题字数太多，结构过于复杂，词句拗口、生涩难懂，用户在看见你的标题时就已经不想再去阅读了，更何谈点击查看短视频内容。

标题的好坏直接决定了短视频播放量的高低，所以，在撰写短视频标题时，一定要重点突出、简洁明了，标题字数不要太多，最好能够朗朗上口，这样才能让用户在短时间内就能清楚地知道你想要表达的是什么。直接和简洁的短视频标题主要分为两类，即娱乐生活类和新闻信息类。

（1）娱乐生活类

娱乐生活类的短视频内容都较为轻松，不会很严肃，所以这一类短视频的标题较为轻快活泼，用户阅读时也会很愉悦，如图 3-1 所示。

图 3-1　简单直接的娱乐生活类文案标题

这种娱乐生活类短视频标题切入简单、直接，不过于复杂，也不需要花费太多的精力，人们更愿意去阅读。

（2）新闻信息类

新闻信息类短视频所讲的事情大都较为严肃、认真，所以这类短视频的标题通常比较严肃、正经。新闻信息类短视频标题讲究的就是抓要点，不带太多情感色彩，只表达作者想要表达的东西，所以这一类标题往往也是十分简单、直接的，如图 3-2 所示。

图 3-2　新闻信息类短视频的标题简单、直接

这类短视频标题里所包含的信息用户可以一目了然，也可以让短视频用户对短视频的内容有大致的了解。此外，需要注意短视频的标题和开头展示文字内容信息的一致性，开头文字内容通常会比较大，以便吸引观者观看，二者结合能更好的提高视频的播放率。

2. 标题元素具体

这里所讲的"元素"是指某一事物的构成部分，所以"标题元素"也就是标题的构成部分。标题元素的具体化是指尽量将标题的重要构成部分说具体，精确到名字或直观的数据。

以"某人在公交车站旁捡到装巨款的包"为例子，标题中比较重要的元素就是"某人""公交车站""巨款"等。在这些元素当中，"公交车站"是已经具体了的，"某人"是什么人？是小孩、老人，还是年轻人？这些在标题中都没有展现，"巨款"到底有多"巨"？标题中也没有显示出来，这样对受众的冲击力不够大。

如果将它改一下，改成"出门就捡钱，小学生在公交车站捡一包，打开一看，里面竟是 60 万人民币！"这样一来，标题中的重要元素就被具体化了。"某人"变成了小学生，"巨款"也具体成了"60 万人民币"。相对于"巨款"一词来说，"60 万"的冲击对平常人来说可能更大，所以，这也就要求短视频运营者在撰写短视频标题的时候，要尽量将标题中的重要元素具体化。

大多数人不喜欢看上去模棱两可的文字，他们往往更喜欢直观的文字。相对于文字来说，人们对数字更为敏感。因为数字和人们日常生活中的很多东西挂钩，所以人们也更关注数字的多少和走向。在标题中加入数字，也是将标题元素具体化的一种有效手段。图 3-3 所示为将短视频标题当中的元素具体化的案例。

图 3-3　将短视频标题中的元素具体化

在这些短视频标题案例中，可以很清楚地看出标题当中的重要元素，比如，相关对象、事件和数字都具体化了。这样的标题不仅内容明确，而且还能更好地抓住用户的眼球。

3. 提供益处奖赏

短视频运营者在写标题时，要学会抓住标题的要点，只有抓住要点，才能准确无误地打造标题。短视频运营者在标题的写作当中，要注意从短视频用户的心态去看问题，以用户的角度去发现和研究规律。标题是短视频的"脸"，这张"脸"能不能吸引短视频用户，能吸引多少短视频用户，就要看短视频运营者的功夫如何了。

如果短视频的标题都不能吸引住短视频用户，那么让短视频用户点击查看短视频内容又从何谈起呢？所以，在短视频的标题当中，要展示出你能给短视频用户带来什么样的益处或奖赏，这样才能吸引住短视频用户。

一般来说，短视频标题里所说的益处或奖励都是物质上的，短视频运营者会将物质奖励放入标题中，吸引用户观看，如图 3-4 所示。

图 3-4　短视频标题中展示的物质上的益处或奖励

这一类标题是抓住了短视频用户的心理，将奖励恰当地放入短视频标题当中。比如，某照相馆要为自己的产品做推广，通过短视频平台进行预热引流，在短视频推广链接中领取优惠就可以用超优惠的价格享受产品和相关服务，如图 3-5 所示。

图 3-5 这条短视频的标题就是从折扣方面入手的，当短视频用户有拍生日照的想法时，看到这样的短视频标题就会马上被吸引。

除此之外，短视频标题还可以从用户得到技术或方法上的益处来制作。当用户通过标题了解可以通过该短视频学会一门技术，从而提高自己的能力时，就会很愿意观看短视频内容，如图 3-6 所示。

图 3-5　短视频标题中展示了产品的折扣

图 3-6　短视频标题中展示了技术或方法上的益处或奖励

短视频运营者撰写标题和用户阅读标题其是一个相互的过程。在短视频运营者想传达某些思想要点给短视频用户的同时，用户也希望通过标题看到自己能在短视频中获得什么样的益处或奖赏。

短视频运营者可以利用用户这种想谋取益处或奖赏的心理，来制作短视频的标题，为自己的短视频增加点击量。

4. 内文产品联结

在文章的写作当中，有一种说法叫作"文不对题"，意思就是文章的内容和标题完全不一样，这样的现象也叫作偏题。

在短视频文案的标题写作当中，也可能存在类似的问题。如果短视频用户看见一条短视频的标题之后，点击进去查看具体内容，结果发现标题和内容说的根本不是一个东西的时候，短视频用户就会产生很不好的阅读体验。这种不好的阅读体验很可能不仅仅局限于这条短视频，甚至会对这个账号中发布的所有短视频都失去好感。

虽然短视频标题的写作和普通文章标题的写作有所不同，但许多写作的要求还是共通的。短视频标题的写作其实与写一篇文章的标题有相似之处，只是这篇"文章"的目的更广、更大，它是通过一条短视频达到宣传某产品或某品牌的目的的。

在短视频标题的写作当中，标题和内容也要有所联系。也就是说，在短视频的标题当中要突出文案的中心或重点，要让短视频用户在看到标题的时候，大致知道短视频运营者想要说的是什么。

在短视频文案的写作中，无论你的标题和内容多么的文采出众，一旦你的标题和你所写的文案联系不大的时候，就是张冠李戴了。所以，一定要记住标题和内容相互联系的重要性。图 3-7 所示为标题与文案具体内容联系紧密的案例。

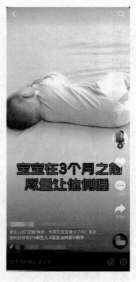

图 3-7　短视频标题与方案具体内容联系紧密的案例

在这个案例中,短视频用户一看就知道重点要讲的就是"新生儿的正确睡姿",而短视频的主要内容也是教妈妈们如何引导孩子养成正确的睡姿。这个案例就很好地诠释了短视频标题与内容联系的理念。

5. 筛选特定用户

没有哪一个短视频标题是所有人都感兴趣的,这就要求短视频运营者在撰写标题的时候,要精准定位自己的用户群体。只有目标用户定位准确了,才能保证短视频的点击量。

比如,关于摄影的短视频,所针对的用户群就是摄影爱好者,那么,就要在标题当中将目标用户群体现出来,让喜爱摄影的人能在第一时间就知道这条短视频是针对他们的;关于美食的短视频,所针对的用户就是美食爱好者,那么,在标题上也要偏向于他们;关于旅游的短视频,所针对的就是旅游爱好者,标题也就自然更偏重爱好旅游的用户。

不同的短视频所针对的用户群都是不一样的,这就要求短视频运营者在撰写标题时要区分不同的人群。短视频目标用户的定位和筛选,包括两个方面。

一方面是内在条件的筛选,目标用户群的个人基本信息和爱好,比如性别、年龄、兴趣爱好、价值取向等;另一方面是外在条件,主要包括目标用户群的消费能力、所处地域等。只有搞清楚了这些问题,才能做到对用户有正确的定位,这就是人们常说的"知己知彼,才能百战百胜"。

在短视频文案当中,仅仅用内容针对特定的用户还不够,还要在短视频的标题上准确地把握用户,通过标题就能把针对的用户吸引过来,这也就要求短视频运营者在撰写短视频标题的时候就要显示对短视频用户的筛选和定位,如图 3-8 所示。

图 3-8 中两个短视频的标题,直接将"小个子女生"和"孕妈"这两个目标用户群点了出来。这样一来,当"小个子女生"和"孕妈"群体看到短视频标题时,就

图 3-8 用标题筛选特定用户的案例

会明白这两个短视频的内容主要是针对自己的。而对于这种针对自己的内容，他们自然也会更加感兴趣一些，因为视频中的内容或多或少会跟自己有所关联。

6. 创意信息统一

这是一个讲究创造的时代，"中国制造"也早已变成了"中国创造"，这样的大背景下，也对短视频运营者提出了更高的要求。在文案标题的撰写过程中，也要紧随时代的发展趋势，学会在标题上下功夫。

要想把自己的短视频做到用户不得不看，就要独树一帜，有自己鲜明的风格和特点，让用户除了你别无选择。如果做到了这种程度，你的短视频就成功了一大半了。

那么，怎样让短视频标题独树一帜又风格鲜明呢？这就要求在撰写短视频标题的时候，要有独特的创意，要想别人所不能想的，或者想不到的。另外，短视频标题的信息还要十分鲜明、突出，要在一瞬间抓住短视频用户的眼球，争取达到让用户耳目一新的效果。

像这种既具有创意，又信息鲜明突出的短视频标题有两类，即广告性质的和非广告性质的。一般来说，非广告性质的范围比较宽泛，这类标题不是给某产品打广告，而是展示短视频运营者的所见所闻所感。

广告性质的标题极具创意又信息鲜明，但目的都是为某产品打广告。这类标题又分为隐藏性的和非隐藏性的。下面主要针对这两方面进行分析，了解短视频运营者如何在广告性质的短视频标题中做到创意与信息的统一。

（1）隐藏性

隐藏性短视频广告标题会让短视频用户光看标题不易发现这是广告，也就是俗称的"软广"。下面先来看一个隐藏性短视频广告标题，如图 3-9 所示。

该短视频标题的创意体现在把"又要做妈妈了"和"没想到我也会有这一天？！"置于标题中，让用户隔着屏幕也能感受到喜悦，所以这一创意就能很好地引用户的关

图 3-9　隐藏性广告创意标题

注。看到标题之后，许多用户觉得这只是表达喜悦之情的一条视频，当点击查看视频之后才发现它其实是一条修护霜的广告。

（2）非隐藏性

非隐藏性短视频广告标题会让用户在看到这类标题时，能很快猜出这是在做广告，也就是俗称的"硬广"。接下来看一下两个非隐藏性短视频广告标题，如图 3-10 所示。

图 3-10　非隐藏性广告创意标题

第一条短视频标题的创意在于它不像其他广告一样直接把产品亮出来，而是将"女生看了都抵抗不了的"作为卖点吸引短视频用户的关注。

第二条短视频标题的创意则在于将餐具的外观与使用者的心情联系在了一起。而且用网络用语"颜值高"来表示餐具好看，也让标题看上去别有一番趣味。

7 大要求：轻松制作爆款短视频标题

想要深入地学习如何撰写爆款短视频标题，就要掌握爆款短视频标题的特点。本节将从爆款标题的特点出发，重点介绍 7 大要求，帮助短视频运营者更好地打造爆款短视频标题。

1. 体现出实用性

在短视频运营过程中，其文案内容撰写的目的主要就在于告诉用户通过了解和关注短视频内容，能获得哪些方面的实用性知识或能得到哪些具有价值的启示。因此，为了提升短视频的点击量，运营者在进行标题设置时，应该对其实用性进行展现，以期最大限度地吸引读者的眼球。

例如，与养生有关的短视频账号，都会在文案当中介绍一些养生的方法，并且在文案标题当中将其展示出来，短视频用户看到这一标题之后，就会点击查看短视频所介绍的关于养生的详细方法，如图 3-11 所示。

图 3-11　养生有关的短视频案例

像这类具有实用性的短视频，短视频运营者在撰写标题时就对短视频内容的实用性和针对对象做了说明，为那些需要相关方面知识的短视频用户提供了实用性的解决方案。

可见，展现实用性的短视频标题，一般多出现在专业的或与生活常识相关的新媒体平台上。除了上面所说的在关于养生的标题之中展现其实用性，在其他专业化的短视频平台或账号的标题撰写当中也是非常常见的，如图 3-12 所示。

图 3-12　体现实用性的标题案例

在这两个短视频标题中，明确地表示短视频中包含了用户可能用得上的生活小妙招和实用小物件。因此，当短视频用户看到这两个标题之后就会觉得短视频中的内容可能对自己有用处。这样一来，短视频用户自然更愿意查看短视频。

展现实用性的标题的撰写是一种非常有效的设置标题的方法，特别是对于那些在生活中遇到类似问题的短视频用户而言。利用这一方法撰写标题的短视频是极其受欢迎的，其通常也比较容易获得比较高的点击量。

2. 考虑搜索习惯

短视频运营者在撰写标题的时候，要注意考虑短视频用户的搜索习惯。如果一味地按照自己的想法，而不结合短视频用户的实际情况，无疑是闭门造车。

通常来说，短视频用户搜索的内容可分为 3 类，即资源类、实用类和热搜类，下面笔者带大家具体分析。

（1）资源类

"资源类"是指短视频用户在没有明确目标时，想通过搜索来找到某一类事物的情况，比如，搜索"热门音乐""悬疑类型小说""高分恐怖电影""情侣头像"等。图 3-13 所示为"资源类"内容的搜索结果。

图 3-13　"资源类"内容的搜索结果

（2）实用类

"实用类"是短视频用户想要解决生活中的某一问题而产生的搜索行为，比如"如何拍出好看的照片""衬衣怎么洗才不会发皱""小苏打洗衣服如何变白"等。图 3-14 所示为"实用类"内容的搜索结果。

图 3-14　"实用类"内容的搜索结果

（3）热搜类

热搜类是指短视频用户会经常参考平台榜单来了解热点内容，并对榜单话题进行搜索来观看短视频。图 3-15 所示为短视频平台的实时热点榜单。

图 3-15　短视频平台的实时热点榜单

用户在使用搜索功能的时候，目的性不一样，其所搜类型也不同，所以，运营者在撰写标题的时候，要注意研究短视频用户的搜索类型，掌握其搜索规律和搜索习惯，有针对性地进行短视频标题的写作，这样才能保证短视频有比较稳定的点击量和播放量。

3. 陈述形象通俗

短视频标题的受众比较广泛，其中包含一些文化水平不是很高的人群。因此，短视频标题的语言要形象化和通俗化。

从通俗化的角度而言，就是尽量拒绝华丽的辞藻和不实用的描述，照顾到绝大多数短视频用户的语言理解能力，利用通俗易懂的语言来撰写标题。否则，文案就无法达到带动产品销售的目的，让短视频获得应有的商业价值。

为了实现短视频标题的通俗化，运营者可以重点从长话要短说、避免华丽辞藻的修饰和添加生活化的元素这 3 个方面着手。

短视频运营者可以从这 3 个方面，把专业性的、不易理解的词汇和道理给简单、明了地表达出来，让用户更容易理解短视频的内容。图 3-16 所示为语言通俗化的标题案例。

图 3-16　语言通俗化的标题案例

除了某领域内部人员之外，其他短视频用户对于该领域的了解或熟悉度是远远不够的，如果毫无经验或者经验不足的短视频用户想要学习某领域的专业知识，那么专业性过强或者太过复杂的标题，他们可能是难以学习和理解的。

当短视频用户看不懂或不理解标题内容时，很可能会选择略过对应的短视频。这样一来，短视频的播放量等数据就难以得到保障了。

这就要求短视频运营者在撰写标题时，要尽量化繁为简，让短视频用户看到标题后能更好地学习或了解相关内容，从而让短视频用户更好地接受短视频运营者的观点或做法。

4. 学会控制字数

想要深入地学习如何撰写爆款短视频标题，就要掌握爆款短视频标题的特点。部分短视频运营者为了在标题中将短视频的内容讲清楚，会把标题写得很长。那么，是不是标题越长就越好呢？很显然不是，短视频运营者在制作短视频标题时，应该将字数控制在一定范围内。

在智能手机品类多样的情况下，市场上有着众多屏幕分辨率不同的手机，因此屏幕一行显示的字数也是不一样的。一些图文信息在自己手机里看着是一行，但在其他型号的手机里可能就是两行了。

在这种情况下，标题中的某些关键信息就有可能被隐藏，不利于短视频用户了解标题中描述的重点和对象。图 3-17 所示为短视频平台的相关界面。

图 3-17　标题字数太多无法完全显示

可以看到，界面中部分标题因为字数太多，无法完全显示，所以标题的最后显示为"……"。当短视频用户看到这些标题后，可能难以准确地把握短视频的主要内容。这样一来，短视频标题就失去了其应有的作用。

因此，在制作标题内容时，短视频运营者在重点内容和关键词的选择上要有所取舍，把最主要的内容呈现出来即可。标题本身就是从文案中提炼的精华，字数过多会显得不够精练，同时也会让短视频用户丧失查看短视频内容的兴趣，因此，将标题字数控制在一定范围内才是最好的。

当然，有时候短视频运营者也可以借助标题中的"……"来勾起短视频用户的好奇心，让用户想要了解那些没有写出来的内容是什么。不过这就需要短视频运营者在撰写标题的时候，把握好这个引人好奇的关键点了。

5. 展示最大亮点

销售类短视频发布的目的就是吸引用户的注意，最终促进产品的销售，针对这一目的，在拟写短视频标题的过程中，应该注意将产品的最大亮点展示出来。

这样做的目的主要是为了让短视频用户在看到标题的时候，就能直观地感受到短视频中所提及的产品具有怎样的功能和特点，是否能引起短视频用户的兴趣，是否能满足他们的相关需求。

对于凸显短视频标题的特征，可从多个角度来考虑。其中，最能够打动短视频用户的一般是表现出最新的产品特征。

这是因为人们都有一种追求新奇的心理需求，总是希望能够见证超越历史的某一时刻、某一事件，因而在短视频的标题中添加"全新""开始""创新""终于""初代"等词汇，往往更能吸引短视频用户的眼球，让短视频获得更多的观看量和点赞量，如图 3-18 所示。

图 3-18 展示最大亮点的标题案例

图 3-18 中短视频标题最大的亮点在于"全新一代"。对于爱车一族或者是对车辆感兴趣的短视频用户来说，"全新一代"带给他们的是一种"新"的感受。人们总觉得"买新不买旧"，所以，这一亮点足以吸引爱车人士的目光。

6. 用语尽量简短

短视频运营者在撰写短视频标题时要注意，标题应该尽量简短。"浓缩的就是精华"，短句子本身不仅生动简单又内涵丰富，并且越是简短的句子，越容易被人接受和记住，如图 3-19 所示。

图 3-19　用语尽量简短的标题

短视频运营者撰写文案标题的目的就是让短视频用户更快地注意到标题，并被标题吸引，进而点击查看短视频，增加短视频的播放量。这就要求短视频运营者撰写的短视频标题，能在最短的时间内吸引短视频用户的注意力。

如果短视频标题中的用语过于冗长，就会让短视频用户失去耐心。这样一来，短视频标题将难以达到很好的效果。通常来说，撰写简短的标题需要把握好两点，即用词精练、用句简短。

运营者在撰写短视频标题时，要注意标题用语的简短，切忌标题成分过于复杂。短视频用户在看到简短的标题的时候，会有比较舒适的视觉感受，阅读标题内容也更为方便。

简短的短视频标题因其本身简洁的形式和清晰的成分组成，能让短视频用户在阅读短视频标题时很放松，不会产生疲劳的感受。因此，短视频运营者在撰写短视频标题时，要注意标题句子结构的精练度和简单化，以此来提高短视频和短视频标题的曝光率。

7. 采用问句形式

在短视频标题的写作中，标题的形式千千万万，短视频运营者不能仅仅拘泥于几种常见的形式，因为普通的标题早已不能够吸引每天都在变化的短视频用户了。

那么，怎样的标题才能够引起短视频用户的注意呢？我们可以在短视频标题中使用问句。在短视频标题中使用问句能在很大程度上激发短视频用户的兴趣和参与度。图 3-20 所示为短视频标题使用问句案例。

图 3-20　短视频标题使用问句案例

　　这些问句形式的标题对于那些有着好奇心的短视频用户是十分具有吸引力的。短视频运营者在撰写短视频标题的时候，要学会用新颖的标题来吸引短视频用户的注意力。千篇一律的标题，用户看多了也会产生审美疲劳，而适当地创新则能让他们的感受大有不同。

凸显主旨：让观众第一眼就明白内容

　　一则文案最先吸引浏览者的是什么？毋庸置疑是标题，好的标题才能让浏览者点进去查看具体内容。因此，拟写文案的标题就显得十分重要了。而掌握一些标题创作技巧也就成了每个短视频运营者必须要掌握的核心技能。

1. 拟写标题的 3 个原则

　　评判一个文案标题的好坏，不仅要看它是否有吸引力，还需要参照其他的一些原则。在遵循这些原则的基础上撰写的标题能让你的短视频更容易上热门，这些原则具体如下。

（1）换位原则

短视频运营者在拟订标题时，不能只站在自己的角度去想要推出什么，更要站在受众的角度去思考。

也就是说，应该将自己当成受众——如果你想了解某个问题，你会搜索什么词来获得这个问题的答案，这样写出来的标题会更接近受众心理。因此，短视频运营者在拟写短视频标题前，可以先输入有关的关键词在浏览器中进行搜索，然后从排名靠前的文案中找出它们写作标题的规律，再将这些规律用于自己要撰写的短视频标题中。

（2）新颖原则

短视频运营者如果想要让自己的短视频标题形式变得新颖，可以采用多种方法。这里介绍几种比较实用的标题形式，如图 3-21 所示。

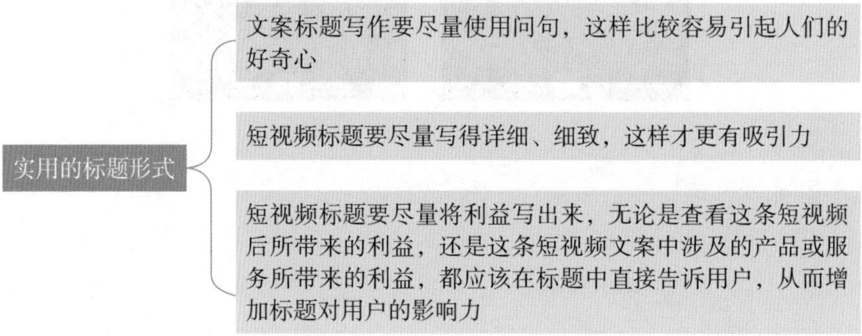

实用的标题形式	文案标题写作要尽量使用问句，这样比较容易引起人们的好奇心
	短视频标题要尽量写得详细、细致，这样才更有吸引力
	短视频标题要尽量将利益写出来，无论是查看这条短视频后所带来的利益，还是这条短视频文案中涉及的产品或服务所带来的利益，都应该在标题中直接告诉用户，从而增加标题对用户的影响力

图 3-21　实用的标题形式

（3）关键词组合原则

通过笔者的观察，获得高流量的短视频的标题都拥有多个关键词，并且对关键词进行了组合。这是因为只有单个关键词的标题，它的排名影响力不如有多个关键词的标题。

例如，如果仅在标题中嵌入"面膜"这一个关键词，那么用户在搜索时，只有搜索到"面膜"这一个关键词，拥有这个关键词的短视频才会被搜索出来。而标题中如果含有"面膜""变美""年轻"等多个关键词，则用户在搜索其中任意关键词的时候，只要是拥有这些关键词的短视频都会被搜索出来，标题"露脸"的机会也就更多了。

2. 利用词根增加曝光

笔者在前文中介绍标题应该遵守的原则时，曾提及写标题要遵守关键词组合原则，这样才能凭借更多的关键词增加文案的"曝光率"，让自己的文案出现在更多短视频用户面前。这里笔者将给大家介绍如何在标题中运用关键词。

编写短视频标题的时候，商业短视频运营者需要充分考虑怎样去吸引目标受众的关注。而要实现这一目标，就需要从关键词着手。要在标题中运用关键词，就需要考虑关键词是否含有词根。

词根指的是词语的组成根本，只要有词根，就可以利用它组成不同的词。商业短视频运营者在标题中加入有词根的关键词，才能将文案的搜索率提高。

例如，标题为"十分钟教你快速学会手机摄影"，那么这个标题中的"手机摄影"就是关键词，而"摄影"就是词根。根据词根我们可以写出更多的与摄影相关的标题。

用户一般会根据词根去搜索短视频，只要你的短视频标题中包含了该词根，那么短视频就更容易被用户搜索到。

3. 凸显短视频的主旨

俗话说："题好一半文。"它的意思就是说，一个好的标题就等于短视频成功了一半。衡量一个标题好坏的方法有很多，而标题是否体现短视频的主旨是衡量标题好坏的一个主要参考依据。

如果一条短视频的标题不能够做到在短视频用户看见它的第一眼就明白它想要表达的内容，得出该短视频是否具有点击查看的价值，那么短视频用户在很大程度上就会放弃查看这条短视频。标题是否体现内容的主旨对短视频播放量的影响，具体分析如图 3-22 所示。

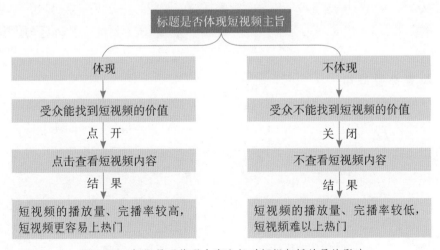

图 3-22　标题是否体现内容主旨对短视频播放量的影响

经过分析，大家可以直观地看出，短视频标题是否体现短视频主旨会直接影响短视频的营销效果。所以，短视频运营者若想让自己的视频上热门，那么在撰写标题的时候一定要多注意短视频的标题是否体现了其主旨。

展现价值：必须切中观众的强烈需求

标题是短视频的重要组成部分，要做好短视频，就要重点关注短视频标题的制作。撰写短视频标题必须掌握一定的技巧和写作标准，只有熟练掌握标题必备的要素，才能更好、更快地实现标题撰写，达到引人注目的效果。

那么在撰写短视频标题时，应该重点关注哪些方面的内容呢？接下来介绍标题写作的要点。

1.不做标题党

标题是短视频的"窗户"，短视频用户如果能从这扇"窗户"中看到短视频的大致内容，就说明这个标题是合格的。换句话说，就是标题要体现出短视频的主题。

虽然标题要起到吸引短视频用户的作用，但是如果用户被某一标题吸引，点击查看内容时却发现标题和内容联系得不紧密，或者完全没有联系，就会降低短视频用户对你的信任度，而短视频的点赞和转发量也将被拉低。

这就要求短视频运营者在撰写短视频标题的时候，一定要注意所写的标题与内容的联系，切勿"挂羊头卖狗肉"，做标题党，应该尽可能地让标题与内容紧密关联。

2.重点要突出

一个标题的好坏直接决定了短视频点击量、完播率的高低，所以在撰写标题时，一定要重点突出、简洁明了，标题字数不要太多，最好能够朗朗上口，这样才能让受众在短时间内就能清楚地知道你想要表达的是什么，短视频用户也就自然愿意点击查看短视频了。

在撰写标题的时候，要注意标题用语的简短，突出重点，切忌标题成分过于复杂。标题越简单、明了，短视频用户在看到标题的时候，才会有一个比较舒适的视觉感受，阅读起来也更为方便。

3. 善用吸睛词汇

标题是一个短视频的"眼睛"，在短视频中起着十分巨大的作用。标题展示着一个短视频的大意、主旨，甚至是对故事背景的诠释。所以，一条短视频相关数据的高低，与标题有着不可分割的关系。

短视频标题要想吸引受众，就必须要有点睛之处。给短视频标题"点睛"是有技巧的，在撰写标题的时候，短视频运营者可以加入一些能够吸引受众眼球的词汇，比如"惊现""福利""秘诀""震惊"等。这些"点睛"词汇，能够让短视频用户产生好奇心。

11 个模板：掌握吸睛短视频标题套路

在运营短视频的过程中，标题的重要性不言而喻，正如曾经流传的一句话所言："标题决定了 80% 的流量。"虽然其来源和准确性不可考，但由其流传之广可知，其中涉及的关于标题重要性的话题是值得重视的。

在了解了标题设置目的和要求的情况下，接下来就具体介绍怎样设置标题和利用什么表达方式去设置标题。

1. 福利发送型标题

福利发送型的标题是指在标题上带有与"福利"相关的字眼，向用户传递一种"这条短视频就是来送福利的"的感觉，让短视频用户自然而然地想要看完短视频。发送福利型标题准确把握了短视频用户追逐利益的心理需求，让短视频用户一看到"福利"的相关字眼就会忍不住想要了解短视频的内容。

福利发送型标题的表达方式有两种，一种是直接型，另一种是间接型，虽然具体方式不同，但是效果相差无几，如图 3-23 所示。

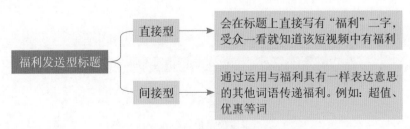

图 3-23　福利发送型标题的表达方式

值得注意的是，在撰写福利发送型标题的时候，无论是直接型还是间接型，都应该掌握 3 点技巧，如图 3-24 所示。

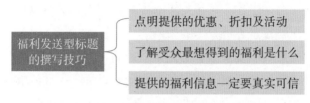

图 3-24　福利发送型标题的撰写技巧

福利发送型标题有直接福利型和间接福利型两种不同的表达方式，不同的标题有不同的特色，但福利发送型标题通常会给受众带来一种惊喜之感。试想，如果短视频标题中或明或暗地指出含有福利，你难道不会动心吗？

福利发送型标题既可以吸引短视频用户的注意力，又可以为短视频用户带来实际的利益，可谓一举两得。当然，在撰写福利发送型标题时也要注意，不要因为侧重福利而偏离了主题，而且最好不要使用太长的标题，以免影响短视频的传播效果。

2. 价值传达型标题

价值型标题是指向短视频用户传递一种只要查看了短视频就可以掌握某些技巧或者知识的信心。这种类型的标题之所以能够引起受众的注意，是因为抓住了人们想要从短视频中获取实际利益的心理。

许多短视频用户都是带着一定的目的刷抖音的，要么希望短视频中含有福利，比如优惠、折扣；要么希望能够从短视频中学到一些有用的知识。因此，价值传达型标题的魅力是不可阻挡的。

在打造价值传达型标题的过程中，往往会碰到这样一些问题，比如"什么样的技巧才算有价值？""价值传达型的标题应该具备哪些要素？"等。那么，价值传达型的标题到底应该如何撰写呢？笔者将其经验技巧总结为 3 点，如图 3-25 所示。

图 3-25　撰写价值传达型标题的技巧

值得注意的是，在撰写速成型标题时，最好不要提供虚假的信息，比如"一分钟一定能够学会××""3 大秘诀包你××"等。价值传达型标题虽然需要在其中添加夸张的成分，但要把握好度，要有底线和原则。

价值传达型标题通常会出现在技术类的文案之中，主要是为受众提供实际好用的知识和技巧。短视频用户在看见这种价值传达型标题的时候，会更加有动力去查看短视频的内容，因为这种类型的标题会给人一种学习这个技能很简单，不用花费过多的时间和精力就能学会的印象。

3. 励志鼓舞型标题

励志鼓舞型标题最为显著的特点就是"现身说法"，一般以第一人称讲故事，故事的内容包罗万象，但总的来说离不开成功的方法、教训及经验等。

如今很多人都想致富，却苦于没有致富的定位，如果这个时候给他们看励志鼓舞型短视频，让他们知道企业是怎样打破枷锁，走上人生巅峰的。他们就很有可能对带有这类标题的内容感到好奇，因此这样的标题结构看起来具有独特的吸引力。励志鼓舞型标题模板主要有两种，如图 3-26 所示。

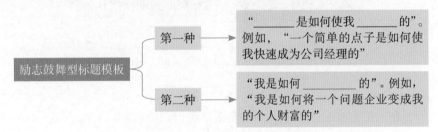

图 3-26　励志鼓舞型标题的两种模板

励志鼓舞型标题的好处在于煽动性强，容易给人一种鼓舞人心的感觉，勾起短视频用户想要深入了解的欲望，从而提升短视频的完播率。

那么，打造励志鼓舞型标题是不是单单依靠模板就可以了呢？答案是否定的，模板固然可以借鉴，但在实际的操作中，还是要根据内容的不同而研究特定的励志鼓舞型标题。总的来说，有 3 种经验技巧可供借鉴，如图 3-27 所示。

图 3-27　打造励志鼓舞型标题可借鉴的经验

一个成功的励志型标题不仅能够带动受众的情绪，而且还能促使用户对短视频产生极大的兴趣。

励志鼓舞型标题一方面利用了抖音用户想要获得成功的心理；另一方面则是标题撰写者巧妙地掌握了情感共鸣的精髓，通过带有励志色彩的字眼来引起受众的情感共鸣，从而成功吸引受众的眼球。

4. 揭露解密型标题

揭露解密型标题是指为受众揭露某个不为人知的秘密的一种标题。大部分人都会有一种好奇心和八卦心理，而这种标题则恰好可以抓住短视频用户的这种心理，从而给短视频用户传递一种莫名的兴奋感，充分引起短视频用户的兴趣。

短视频运营者可以利用揭露解密型标题做一个长期的专题，从而达到一段时间内或者长期凝聚短视频用户的目的。而且，这种类型的标题比较容易打造，只需把握 3 大要点即可，如图 3-28 所示。

图 3-28　打造揭露解密型标题的要点

撰写揭露解密型标题，最好在标题之中显示出冲突性和巨大的反差，这样可以有效地吸引短视频用户的注意力，使用户认识到短视频内容的重要性，从而愿意主动点击查看短视频。

揭露解密型标题其实和价值传达型标题有不少相同点，因为它们都提供了具有价值的信息，能够为短视频用户带来实际的利益。当然，所有的标题类型实际上都是一样的，都带有自己的价值和特色，否则也无法吸引短视频用户的注意。

5. 悬念制造型标题

好奇是人的天性，悬念制造型标题就是利用人的好奇心来打造标题的。标题中的悬念是一个诱饵，引导短视频用户查看短视频。因为大部分人看到标题没有解答疑问和悬念，就会忍不住想进一步弄清楚到底是怎么回事。这就是悬念型标题的套路。

悬念制造型标题在日常生活中运用得非常广泛，也非常受欢迎。人们在看电视剧或综艺节目的时候也会经常看到一些预告之类的内容，这些内容就会采取这种悬念制造型的标题引起观众的兴趣。利用悬念撰写标题的方法通常有 4 种，如图 3-29 所示。

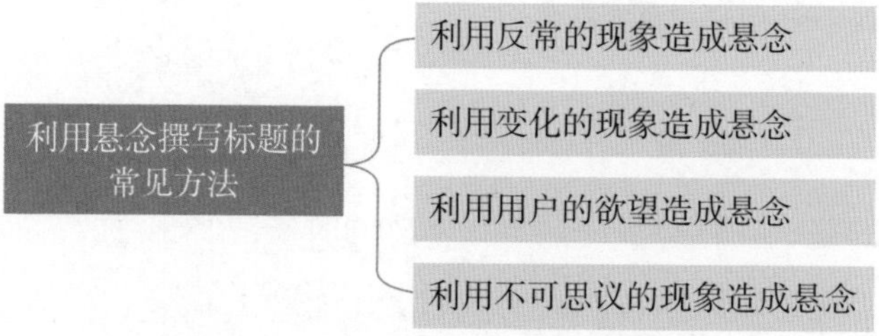

图 3-29　利用悬念撰写标题的常见方法

打造悬念制造型标题的主要是为了增加短视频的可看性，因此短视频运营者需要注意的一点是，使用这种类型的标题，一定要确保短视频内容确实是能够让短视频用户感到惊奇、充满悬念的。不然就会引起短视频用户的失望与不满，继而就会让短视频用户对你的内容，甚至该账号中发布的短视频失望。

悬念制造型的标题是短视频运营者青睐有加的标题形式之一，它的效果也是有目共睹的。如果不知道怎么写标题，悬念制造型标题是一个很不错的选择。

如果短视频的悬疑制造型标题仅仅只是为提出了悬疑，这样一般只能够博取大众大概 1 ~ 3 次的眼球，很难保持长时间的效果。如果内容太无趣，无法达到引流的目的，那就是一个失败的标题，会导致短视频的营销活动也随之泡汤。

因此，商业短视频运营者在设置悬疑时，需要非常慎重，最好有较强的逻辑性，切忌为了标题走钢索，忽略了短视频营销的目的和短视频本身的质量。悬念制造型标题是运用得比较频繁的一种标题类型，很多短视频运营者都会采用这一标题类型来引起受众的注意力，从而达到较为理想的营销效果和传播效果。

6. 借势热点型标题

借势热点是一种常用的标题写作手法，借势不仅完全是免费的，而且效果还很可观。借势热点型标题是指在标题上借助社会上的一些实事热点、新闻等相关词汇来给短视频造势，增加短视频的播放量。

借势一般都是借助最新的热门事件吸引受众的眼球。一般来说，实事热点拥有一大批关注者，而且传播的范围也非常广，借助这些热点，短视频的标题和内容的曝光率会得到明显的提高。

那么在创作借势热点型短视频标题的时候，应该掌握哪些技巧呢？笔者认为，可以从 3 个方面来努力，如图 3-30 所示。

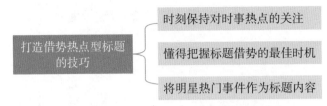

图 3-30　打造借势热点型短视频标题的技巧

值得注意的是，在打造借势热点型标题的时候，要注意两个问题：一是带有负面影响的热点不要蹭，大方向要积极向上，充满正能量，给受众正确的思想引导；二是最好在借势热点型标题中加入自己的想法和创意，然后将发布的短视频与之相结合，做到借势和创意完美同步。

7. 警示受众型标题

警示受众型标题常常通过发人深省的内容和严肃深沉的语调给受众以强烈的心理暗示，从而给受众留下深刻印象。尤其是警告型的新闻标题，常常被很多短视频运营者追捧和模仿。

警示受众型标题是一种有力量且严肃的标题类型，也就是通过标题给人以警醒作用，从而引起短视频用户的高度注意。它通常会将以下 3 种内容移植到短视频标题中，如图 3-31 所示。

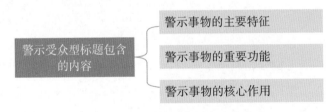

图 3-31　警示受众型标题包含的内容

那么，警示受众型标题应该如何构思和打造呢？很多人只知道警示受众型标题容易夺人眼球，但具体如何撰写却是一头雾水。笔者在这里分享 3 点技巧，如图 3-32 所示。

图 3-32　打造警示受众型标题的技巧

在运用警示受众型标题时，需要注意短视频应用此类标题是否恰当，因为并不是每一条短视频都可以使用这种类型的标题。这种标题形式运用得当，能为短视频加分，起到其他标题无法替代的作用。运用不当，很容易让短视频用户产生反感情绪或引起一些不必要的麻烦。因此，短视频运营者在使用警示型受众型标题的时候要谨慎小心，注意用词恰当与否，绝对不能不顾内容胡乱写标题。

警示受众型标题可以应用的场景很多，无论是技巧类的短视频，还是供大众娱乐消遣的娱乐八卦新闻，都可以使用这一类型的标题形式。选用警示受众型标题这一形式，主要是为了提升短视频用户对该短视频账号的关注度，大范围地传播短视频。

因为警示的方式往往更加醒目，触及了短视频用户的利益。如果这样做可能会让你的利益受损，那么可能本来不想看此短视频的用户，也会点击查看。因为涉及自身利益的事情短视频用户都是最关心的。

8. 独家分享型标题

独家分享型标题，也就是从标题上体现短视频运营者所提供的信息是独有的珍贵资源，让短视频用户觉得该视频值得点击和转发。从短视频用户的心理方面来看，独家分享型标题所代表的内容一般会给人一种自己率先获知、别人所没有的感觉，因而在心理上更容易获得满足。

在这种情况下，好为人师和想要炫耀的心理就会驱使短视频用户自然而然地去转发短视频，成为短视频潜在的传播源和发散地。

独家分享型标题会给短视频用户带来独一无二的荣誉感，同时还会使得短视频内容更加具有吸引力。那么在撰写这样的标题时，我们应该怎么做呢？是直接点明"独家资源，走过路过不要错过"，还是运用其他的方法来暗示短视频用户这则短视频的内容是与众不同的呢？

在这里，笔者提供 3 点技巧，帮助大家成功打造出夺人眼球的独家分享型标题，如图 3-33 所示。

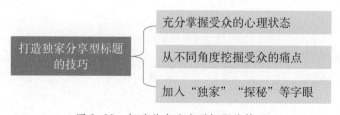

图 3-33　打造独家分享型标题的技巧

使用独家分享型标题的好处在于可以吸引更多的短视频用户，让短视频用户觉得这条短视频中的内容比较珍贵，从而主动帮你宣传和推广短视频，让短视频得到广泛的传播。独家分享型标题往往也暗示着所含内容的珍贵性，因此撰写者需要注意，如果标题使用的是带有独家性质的形式，就必须保证短视频的内容也是独一无二的，独家性的标题要与独家性的内容相结合。

9. 紧急迫切型标题

很多人或多或少都会有一点拖延症，总是需要在他人的催促下才愿意动手做一件事。紧急迫切型标题有一种类似于催促短视频用户赶快查看短视频的意味，它能够给短视频用户传递一种紧迫感。

使用紧急迫切型标题时，往往会让短视频用户产生现在不看就会错过什么的感觉，从而立马查看短视频。那么这类标题具体应该如何打造呢？笔者将其相关技巧总结为 3 点，如图 3-34 所示。

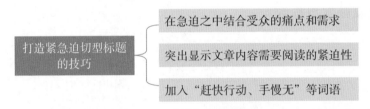

图 3-34　打造紧急迫切型标题的技巧

紧急迫切型标题能够促使短视频用户赶快行动起来，而且也是切合短视频用户利益的一种标题打造方法。

10. 数字具化型标题

数字具化型标题是指在标题中呈现出具体的数字，以数字的形式来概括相关的主题内容。数字不同于一般的文字，它会带给短视频用户比较深刻的印象，与短视频用户的心灵产生奇妙的碰撞。

在短视频中采用数字具化型标题有不少好处，具体体现在 3 个方面，如图 3-35 所示。

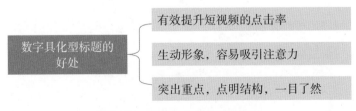

图 3-35　数字具化型标题的好处

数字具化型标题也很容易打造，它是一种概括性的标题，只要做到 3 点就可以撰写出来，如图 3-36 所示。

图 3-36　撰写数字具化型标题的技巧

此外，数字具化型标题还包括很多不同的类型，比如时间、年龄等，具体来说可以分为 3 种，如图 3-37 所示。

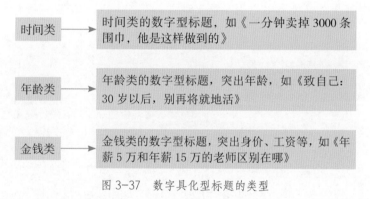

图 3-37　数字具化型标题的类型

数字具化型标题比较常见，它通常会采用悬殊的对比、层层递进等方式呈现，目的是为了营造一个比较新奇的情景，对短视频用户产生视觉上和心理上的冲击。

事实上，很多内容都可以通过具体的数字进行总结和表达，只要把想重点突出的内容提炼成数字即可。同时还要注意，在打造数字具化型标题时，最好使用阿拉伯数字，统一数字格式，尽量把数字放在标题前面。

11. 观点表达型标题

观点表达型标题，是以表达观点为核心的一种标题形式，一般会在标题中精准到人，并且把人名镶嵌在标题之中。值得注意的是，这种类型的标题还会在人名的后面紧接着对某件事的个人观点或看法。观点表达型标题比较常见，而且可使用的范围比较广泛，常用的模板有 5 种，如图 3-38 所示。

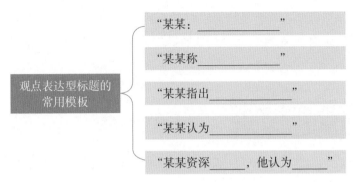

图 3-38　观点表达型标题的常用模板

当然，模板是一个比较刻板的东西，在实际撰写标题的过程中，不可能完全按照模板来做，只能说它可以为我们提供大致的方向。那么，在撰写观点表达型标题时，有哪些经验技巧可以借鉴呢？笔者总结了 3 点，如图 3-39 所示。

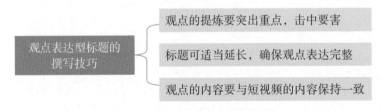

图 3-39　观点表达型标题的撰写技巧

观点表达型标题的好处在于一目了然，"人物 + 观点"的形式往往能在第一时间引起受众的注意，特别是当人物的名气比较大时，短视频用户对短视频中表达的观点更容易产生认同感。

6 个误区：撰写短视频标题需要注意

在撰写短视频标题时，短视频运营者还要注意不要走入误区，一旦标题失误，便会对短视频的数据造成不可小觑的影响。本节将从标题容易出现的 6 个误区出发，介绍如何更好地打造短视频标题。

1. 表述含糊

在撰写短视频标题时，要注意避免为了追求标题的新奇性而出现表述含糊的现象。很多短视频运营者会为了使自己的短视频标题更加吸引用户的目光，一味地追求标题上的新奇，这可能会导致标题的语言含糊其词。

何为表述含糊？所谓"含糊"，是指语言不确定，或者表达方式或表达的含义模棱两可。如果在标题上表述"含糊"，那么短视频用户看到标题后可能完全不知道短视频运营者想要说的是什么，甚至觉得整个标题都很乱，完全没有重点。

因此，在撰写短视频标题时，运营者尤其要注意标题表达的清晰性，重点要明确，要让短视频用户在看到标题的时候，就能知道短视频中的内容大致讲的是什么。一般来说，要想表述清晰，就要做到找准内容的重点，明确内容中的名词，如人名、地名、事件名等。

2. 无关词汇

一些短视频运营者为了让自己的标题变得更加有趣，而使用一些与标题没有多大关系，甚至根本没有任何关联的词汇夹杂在标题之中，想以此达到吸引短视频用户注意的效果。

这样的标题可能在刚开始时会引起短视频用户的注意，短视频用户可能也会被标题所吸引而点击短视频进行查看。但时间一久，短视频用户便会拒绝这样随意添加无关词汇的标题。这样的结果所造成的影响对于一个品牌或者产品来说是长久的。所以，短视频运营者在撰写标题时，一定不要将无关词汇用于标题。

在撰写短视频标题时，词汇的使用一定要与短视频的内容有所关联，短视频运营者不能为了追求标题的趣味性就随意乱用无关词汇。而应该学会巧妙地将词汇与文案标题的内容紧密结合，使词汇和标题内容融会贯通，相互呼应。

只有如此，才算得上是一个成功的标题。否则，不仅会对短视频用户造成一定程度的欺骗，也会变成所谓的"标题党"。

3. 负面表达

撰写标题，目的就是吸引用户的目光，只有标题吸引到了用户的注意，用户才会想要去查看短视频的内容。基于这一情况，出现了一味追求吸睛而大面积使用负面表达的人。

人天生都愿意接受好的东西，而不愿意接受坏的东西，趋利避害，是人的天性。这一情况也提醒着短视频运营者，在撰写标题时要尽量避免太过负面的表达方式，而要用正面的、健康的、积极的方式表达出来，给短视频用户一个好的引导。

4. 虚假自夸

运营者在撰写标题时，虽然要用到文学中的一些手法，比如夸张、比喻等，但这并不代表就能毫无上限地夸张，把没有说成有，把虚假说成真实。在没有准确数据和调查结果的情况下冒充"第一"。这在标题的撰写当中是不可取的。

短视频运营者在撰写标题时，要结合自身品牌的实际情况，来适当地进行艺术的加工，而不能随意夸张，胡编乱造。如果想要使用"第一"或者意思与之差不多的词汇，不仅要得到有关部门的允许，还要有真实的数据调查。如果随意使用"第一"，不仅对自身品牌形象有不好的影响，还会对用户造成欺骗和误导。当然，这也是法律所不允许的。

5. 比喻不当

比喻式的标题能将某件事变得更为具体和生动，具有化抽象为具体的强大功能。所以，采用比喻的形式撰写标题，可以让短视频用户更加清楚地理解标题当中出现的内容，或者是短视频运营者想要表达的思想和情绪。这对于提高短视频的相关数据也能起到十分积极的作用。

但是，在标题中运用比喻，也要十分注意比喻是否得当。一些人在追求用比喻式的标题来吸引抖音用户目光的时候，常常会出现比喻不当的错误，也就是指本体和喻体没有太大联系，甚至毫无相关性的情况。

在标题中，一旦比喻不当，短视频用户就很难在标题中找到自己想要的效果，那么标题也就失去了它存在的意义。这不仅不能被短视频用户接受和喜爱，还可能会因为比喻不当，让短视频用户产生怀疑和困惑，从而影响短视频的传播效果。

6. 强加于人

强加于人，就是将一个人的想法或态度强行加到另一个人身上，不管对方喜不喜欢，愿不愿意。在撰写标题时，"强加于人"就是指短视频运营者将本身或者某一品牌的想法和概念植入到标题之中，强行灌输给短视频用户，给用户一种盛气凌人的感觉。

当一个标题太过盛气凌人的时候，用户不仅不会接受该标题所表达的想法，还会产生抵触心理——越是想让用户看，用户就越是不会看，越是想让用户接受，用户就越是不接受。如此循环往复，最后受损失的还是运营者自己，或者是某品牌自身。

第4章

剧情文案:
8个技巧提升短视频关注度

剧情文案是短视频制作的基础,剧情文案编写得好,拍出来的短视频通常也差不了多少。那么如何编写剧情文案,从而吸引短视频用户的注意呢?这一章,笔者就来重点和大家聊一聊如何策划剧情文案内容。

开头有悬念：你知道 ×× 吗

开头有悬念是指短视频以问句开头。比如："如何判断手机真假？""面对网络诈骗,我们应该怎么做？""一定要用眼霜吗？""如何快速学会游泳？"用一句话就帮短视频运营者精准地筛选了目标用户,还吸引了目标用户的注意力,为短视频运营者留下感兴趣的粉丝,如图 4-1 所示。

图 4-1　开头有悬念的短视频

中间多米诺：每一句话的节奏都要紧凑

中间多米诺的意思就是短视频每一句话的节奏都要紧凑,就像多米诺骨牌一样要点频出。一般来说,其展现形式有以下两种。

1. 故事式

故事式主要是指以一条主线来讲述故事,常见的短视频主线结构有以下 3 种,如图 4-2 所示。

目标——意外——反转——结果

常见的故事主线结构　目标——障碍——努力——结果

目标——幸运——收获——结果

图 4-2　常见的故事主线结构

故事式的短视频更贴近生活，让短视频用户更有带入感。图 4-3 所示为故事式的短视频。

图 4-3　故事式的短视频

图 4-4　要点式的短视频

2. 要点式

要点式主要是指把短视频内容分成几个要点，以要点 1、要点 2、要点 3 这种形式来表达内容。图 4-4 所示为要点式的短视频。

要点式的短视频会让短视频中展示内容条理更清晰，让短视频用户更能理解短视频所要表达的意思。一般来说，短视频的要点最好不超过 5 点。

71

完播促行动：用话术刺激观众行动

　　短视频运营者在做短视频之前要有明确的目的，比如，是要让短视频用户点赞、评论还是转发？都要用相应的话术刺激他们去行动。在这个过程中，短视频运营者需要埋下槽点、笑点、利益点，用行动指令来引导粉丝。

　　例如，在短视频结尾上加入"看完觉得有用请点赞收藏！""你同意我的观点吗？""欢迎在评论区留言。"如图 4-5 所示。

图 4-5　用话术刺激观众关注的短视频

关注给预期：让陌生人成为你的粉丝

　　要想让陌生人成为我们的粉丝，就必须打理好个人主页。如何打理好个人主页？我们可以从以下 3 个方面出发，如图 4-6 所示。

　　要有统一风格的画面，并且持续输出有价值的内容，这样短视频用户才会对该账号中以后发布的内容有所期待，因为有了期待才会关注此账号。图 4-7 所示为优质的个人主页。

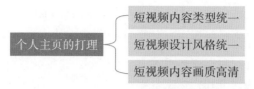

图 4-6 个人主页的打理

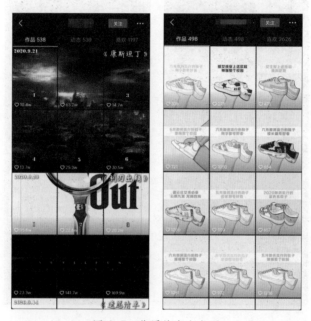

图 4-7 优质的个人主页

制作冲突法：让观众有兴趣继续看下去

什么是冲突呢？冲突是指人与人之间的矛盾、人与内心的矛盾、人与意识的矛盾、意识与意识的矛盾。例如，"美女与野兽""丑男与磁性的声音""齐天大圣与可爱小和尚""小孩讲大人情感"，如图 4-8 所示。

我们都知道小说有冲突、发展和高潮，在创作短视频时，笔者认为有冲突就足够，因为短视频区别于传统视频的核心就是其"短"。拍摄者不到一分钟的时间，不可能将一个故事表述完整，所以我们可以把冲突单独拎出来，达成一种"冲突解决即高潮，高潮即结束"的效果，带给观众意犹未尽的感觉。

那么，短视频运营者应该怎么学习塑造冲突呢？笔者认为最有效的方法就是通过大量观看短视频来举一反三。如果你有刷抖音的习惯，每天尽量刷强剧情的短视频，找出矛盾冲突点，解析冲突如何向上走，向下急转并得到解决，以及在解决冲突前后人物的表现和人物的性格。

图 4-8　制作冲突的短视频

创作短视频剧本是一个学习的过程，可能一开始大家觉得很困难，但是熟能生巧，积累了一定的经验后，再创作就会轻松很多。短视频运营者要学会让剧情有冲突，能打动观众，这样才能吸引短视频用户的眼球。

类比反转法：提升短视频观众的兴趣

TIPS 027

　　一个故事首先要有明确的角色和目标，然后一定要有转折，也就是人们常说的反转。短视频的反转会给观众惊喜，让观众措手不及，反转设计能极大地提升观众对短视频的兴趣。反转既容易形成戏剧化效果，又容易使观众观看时自我带入，获得奇妙的心理体验。

也正因如此，各类反转短视频层出不穷。反转式的剧情设计正在成为爆款短视频的标配之一。反转本身的特点决定了它在篇幅短小的叙事作品中更易发挥作用。一方面，线索明细、环环紧扣，更容易使观众注意力高度集中，从而将观众带入情境，戏剧化效果更强烈。另一方面，反转手法能完美地满足篇幅短小的作品对故事性的要求，节奏刺激。

那么反转到底该怎么写？短视频运营者可以利用快节奏、巧妙的对白和镜头剪切的方式，将反转剧情通过一层层的铺垫在结局表现出来。一般来说，短视频主要有以下 4 类反转模式。

（1）性别反串式反转

从一个平平无奇的男人，变身成各种类型、风格的美少女，这种性别反串带来的强烈视觉反差感，不仅满足了用户的好奇心理，也让用户每一次点开视频前，都抱着疑问和期待。

（2）身份、形象的反转

身份、形象的反转目前被运用在了多种类型的短视频中。一开始因为长相、穿着打扮不够亮眼的主人公，在遭遇旁人嘲笑侮辱后，经过化妆、变装，或者被毕恭毕敬的员工亮明身份后，以一种全新的姿态出现，实现了身份、形象的瞬间反转。

（3）剧情反转

剧情反转是经常使用的一种方式。通过设置让人啼笑皆非的结局，可以增强戏剧性，放大喜剧效果，让用户观看视频的娱乐体验感更强。一次次颠覆用户原本的剧情想象。原本以为是煽情走向的结局，却突然扭转画风，形成了一种意料之外的"笑"果；原本以为已经到此为止的故事，却又突然还有意想不到的转折。

（4）悬念式反转

悬念式反转主要是对剧情内容制造悬念，充分调动用户的紧张心理，让画面的说服力、可看性变得更强。

反转到底怎么做？这里笔者给出 3 个反转的模板，读者可以举一反三，用在短视频剧情中，如图 4-9 所示。

没有反转短视频就会变得平淡无奇，也很难调动用户观看的积极性。而好剧情会不断通过反转，创造认知缺口，短视频用户就会主动发问："然后呢？"接着就是迫不及待地往下看。只有　转再转才能让用户真正被带入剧情，一直沉浸在看下去的兴趣和冲动中，完全被你的短视频所感染。

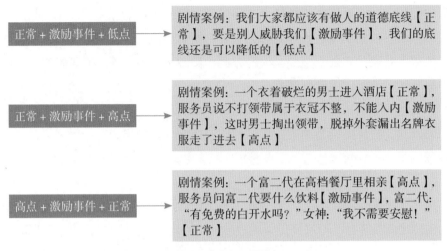

剧情案例：我们大家都应该有做人的道德底线【正常】，要是别人威胁我们【激励事件】，我们的底线还是可以降低的【低点】

剧情案例：一个衣着破烂的男士进入酒店【正常】，服务员说不打领带属于衣冠不整，不能入内【激励事件】，这时男士掏出领带，脱掉外套漏出名牌衣服走了进去【高点】

剧情案例：一个富二代在高档餐厅里相亲【高点】，服务员问富二代要什么饮料【激励事件】，富二代："有免费的白开水吗？"女神："我不需要安慰！"【正常】

图 4-9　剧情反转模板

反转设计可以为短视频运营者获取一定的流量，但是在使用这种方式的过程中，短视频运营者也应该意识到反转只是一种手段，是为了让内容更加充盈、更有可看性而采取的一种技巧性工具，探本寻根，内容才是短视频运营者应该关注的核心。

想要靠反转吸引用户不难，但是想要"玩转"反转，持续不断地满足用户的好奇心，给用户带去源源不断的新鲜感，对于短视频运营者来说，却是一个极大的考验。如果是为反转而反转，结果只能是获得一时关注，而不会走得太长远。

情感共鸣法：让短视频观众产生代入感

情感共鸣是很多影视作品打动观众的原因之一。短视频平台上的爆款视频，几乎都应用了这一技巧。下面笔者带大家了解短视频用户的 5 种情感共鸣。

1. 同情心

同情心既包括对好人不好命的同情，也包括对坏人遭报应的愤慨。抖音上无数正能量的爆款剧本，都利用了观众天然的同情心。

2. 时间维度

对过去的怀念和对未来的期许，是两个在时间维度上互相对应的心理需求。

古今不知多少文艺作品表现出作者对时间的崇拜，认为时间可以治愈一切，可以让不那么美好的过往，再次被想起时显得平和，满足了观众的内心诉求。

3. 求知欲

求知欲是人类的心理本能之一，也是悬念情节一直在短视频平台久演不衰的原因。因为悬念所带来的结果的不确定性令观众产生求知欲，吸引观众继续看下去。

4. 崇拜心

人们会对强者产生崇拜之心，短视频运营者可以在短视频中亮出自己的优势，从而吸引更多的人来关注。

5. 爱情

爱情是剧本的常用主题，是人类最重要、最复杂的情感之一。用户会对爱情类短视频中不同的角色产生共鸣，年轻人择偶时挂在嘴边的"安全感"，正是依附爱情理论所描述的最传统、最受人青睐的体现形式之一。

TIPS 029　内容删减法：提升观众对文案的记忆力

失败的剧情是很多原因造成的。在可避免的问题中，内容的多余累赘是失败的主因。图 4-10 所示为失败剧情的表现。

图 4-10　失败剧情的表现

内容删减法最直接的形式就是将多余的文字删除，这也是强调与突出关键字句最直接的方式。比如，某衣服店家的短视频，没有用复杂的形容词，只是用简短的语言将服装的穿着体验说明了一遍，如图 4-11 所示。

图 4-11　突出关键字句

第 5 章

吸粉文案：
7 个高招让短视频流量暴涨

吸粉引流一直以来都是短视频账号运营的重点和难点。那么在运营短视频账号的过程中，要如何吸粉引流呢？本章将从 7 个方面展开分析，帮助大家快速引爆流量，吸引大量粉丝的关注。

5 种引流话术，软化植入避免硬广告

对于大多数短视频运营者来说，运营短视频账号最直接的目的之一就是更好地实现变现。而要想实现变现，其中比较常见的方式就是销售产品。因此，许多短视频运营者都会通过带有广告性质的短视频来带动产品的销量。

需要注意的是，大部分短视频用户对于硬广告还是比较抵触的，所以在进行广告植入时，短视频运营者还需要通过一定的话术，将广告植入进行必要的软化，让短视频用户更好地接受广告。

1. 男性用户引流话术

在借助短视频广告吸引短视频用户的关注时，短视频运营者可以针对目标人群的性别来制定话术。具体来说，针对男性用户，短视频运营者可以从以下两个方面编写引流话术。

（1）强调对男性重要性

短视频运营者可以在文案中用"男生 / 男士 / 男神必备的……""男生 / 男士 / 男神一定要有的……"的句式，强调产品对于男性用户的重要性。图 5-1 所示为强调对男性重要性的短视频。

图 5-1　通过话术强调对男性用户的重要性

短视频用户通常都会对一些对自己来说比较重要的信息比较在意，通过话术强调产品对男性用户的重要性，男性用户的目光自然会被吸引过来。特别是当重要性与效果搭配时，男性用户对于产品的需求将大幅提高。

例如，短视频运营者用"男神必备的……"的句式进行表达时，男性用户就会觉得短视频中的产品是成为男神的必备物品。大多数男性都希望自己有足够的魅力，能成为女性眼中的男神。所以，当男性用户看到短视频中的产品能对自己成为男神起到助益时，对于该产品的需求自然就会提高。

（2）推荐赠送女性礼物

许多男性在给正在追求的女生、女朋友和妻子选礼物时都是比较纠结的，他们总是感觉自己选的礼物很难合异性的心意。短视频运营者可以针对这一点，将产品变为适合送给女性的礼物。

例如，短视频运营者可以在短视频文案中用"送给女朋友的第××个礼物""给女朋友送礼物"之类的话术，来表示短视频中的产品适合作为礼物送给女性。图 5-2 所示为推荐赠送给女性作为礼物的短视频。

图 5-2　通过话术将产品变成送给女性的礼物

短视频采用这样的话术，刚好给不知道在节日送什么礼物的男性用户启发，从而达到短视频账号引流的目的。

2. 女性用户引流话术

既然有针对男性用户的引流话术，那么对应的也就有针对女性用户的引流话术。其实，针对女性用户的引流话术，与针对男性用户的引流话术有着很大的相似之处，只是话术中的主体出现了变化。具体来说，针对女性用户的引流话术可以从如下两个方面来着手。

（1）强调对女性的重要性

短视频运营者可以在文案中用"女生 / 女士 / 女神必备的……""女生 / 女士 / 女神一定要有的……"的句式，强调产品对于女性用户的重要性。图 5-3 所示为强调对女性重要性的短视频。

图 5-3　通过话术强调对女性用户的重要性

当看到这一类话术句式时，女性用户就会觉得短视频中的产品对于自己来说是比较重要的，从而被短视频所吸引。当女性用户看到这些产品是别的女性都有的时，就会想自己也应该有。

这种引流话术能很好地吸引女性用户关注短视频内容，甚至可以直接引导女性用户购买短视频中的产品。

（2）推荐赠送给男性的礼物

无论是女性，还是男性，收到自己喜欢的礼物时，都会由衷地到快乐。只是有时候男性在表达情绪时可能比较含蓄一些，男性在收到礼物时虽然开心，但却可能不会像女性那样满脸洋溢着笑容。可即便如此，男性对于自己在意的人送给自己的礼物还是非常喜欢的。

那么，女性要如何给男性送礼物呢？送什么样的礼物男性会喜欢呢？短视频运营者可以针对这些问题，在短视频文案中制定对应的话术，将短视频中的产品变成适合送给男性的礼物。

例如，短视频运营者可以在短视频文案中用"适合送给男朋友的礼物""送男生的礼物指南"之类的话术，来表示短视频中的产品适合作为礼物送给男性。图 5-4 所示为推荐赠送给男性礼物的短视频。

图 5-4　通过话术将产品变成送给男性的礼物

短视频采用这样的话术，刚好也给不知道在节日送什么礼物的女性用户启发，从而达到短视频账号引流的目的。

3. 鞋子服装引流话术

鞋子和服装是每个人都需要的产品，市场对这类产品的需求较大，相应的从事这类产品的销售人员也比较多。此时，短视频运营者要想让短视频快速获得短视频用户的关注，将产品销售出去，就需要借助引流话术来增强产品对短视频用户的吸引力了。

总的来说，在短视频文案中，可以从两个角度制定引流话术，来增强产品对短视频用户的吸引力，具体如下。

（1）从穿搭的角度

鞋子和服装是特别讲究搭配的一类产品，有时候相同的鞋子和服装，如果搭配不同，最终展现的效果也可能会呈现很大的不同。而且有些短视频用户也希望那些擅长做搭配的人群能给自己一些指导。

因此，短视频运营者在制作短视频时，便可以从搭配的角度来展示鞋子和服装怎么搭配，以及搭配的效果。让短视频用户觉得在收获穿搭技巧的同时，看到鞋子和产品的展示效果。

例如，短视频运营者可以在文案中用"穿搭必备""传达技能""穿搭常用的……"来传达穿搭技巧，并且在短视频中将需要销售的鞋子和服装展示给短视频用户，如图 5-5 所示。

图 5-5 从穿搭的角度制定话术

（2）从对象的角度

鞋子和服装都有特定的使用人群，短视频运营者在创作短视频文案时，可以直接指出使用的人群，并对这部分人群使用之后能够达到的效果进行说明。

例如，可以将"微胖女生"和"显瘦穿搭"放在一起；将"腿粗女生"和"遮肉显瘦显腿长"放在一起，如图 5-6 所示。

许多对自己某个方面不太满意的短视频用户，都希望能将自己的不足进行弥补，或者即使弥补不了，也至少希望别人看不到。通过将对象和达到的效果结合起来制定的话术，则可以让特定对象看到穿了短视频中的鞋子和服装之后能让自己变得更好看。这样一来，爱美的人士自然更愿意购买短视频中的产品了。

图 5-6　从对象和达到的效果的角度制定话术

4. 减肥产品引流话术

减肥是许多爱美人士，特别是爱美女性普遍关注的一个话题。为了能减肥，许多人会进行各种运动，有的人甚至还会节食。但是，运动很难坚持，节食很难受，而且也不一定能快速看到效果。所以，许多人希望通过更加有效的方式减肥，比如使用减肥产品。

那么，销售减肥产品要如何进行引流呢？笔者认为可以通过一定的话术重点展示使用产品之后可以达到的效果。如果是直接减体重的产品，可以将使用前后的体重拿出来对比；如果是重点减掉某个部分的产品，可以将使用之后能够达到的效果进行说明，如图 5-7 所示。

图 5-7　减肥产品的引流话术

在图 5-7 所示的两个案例中，左侧案例的文案重点在于"（体重）从 140（斤减）到 98（斤）"，减掉了 42 斤。所以，许多短视频用户看到文案之后，就会想要知道究竟是什么减肥产品能达到这样的效果。右侧案例的文案重点在于使用产品之后能"瞬间打造小蛮腰"。大部分女性都希望自己能够拥有小蛮腰，所以在看到该文案中的话术之后，很容易就心动了。

5. 美妆产品引流话术

人，特别是女人，都希望自己能美美的。但是，许多人都对素颜状态下的自己不是很满意。因此，他们会借助化妆和美妆产品让自己变得更好看。因此，各类化妆品的需求量都比较大，各大短视频平台上涌现出了许多通过美妆产品来变现的短视频运营者。那么，如何让短视频中的美妆产品更吸引人呢？笔者认为可以通过两种话术来增强美妆产品的诱惑力。

（1）说明使用效果的话术

许多人之所以要购买美妆产品，主要就是因为使用美妆产品之后能够获得某种效果。短视频运营者在写文案时，便可以将说明使用效果的话术直接展示出来，让短视频用户看到文案之后便能对产品有一个宏观的把握。

在图 5-8 所示的两个短视频中，左侧的短视频便是通过使用产品之后能变成"水煮蛋"妹妹，来说明美妆产品能有效改善毛孔粗大的。而右侧的短视频则是用"叠涂十层还不卡粉"来展示粉底液的细腻的。

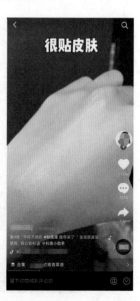

图 5-8　说明使用效果的话术

（2）不使用介绍产品的话术

如果短视频文案中直接介绍美妆产品，许多短视频用户看到之后可能会选择直接略过。针对这一点，短视频运营者可以选择不在短视频的文字说明中直接介绍产品，而选择在短视频的播放过程中对美妆产品进行适当的展示。

这么做的好处就在于，短视频用户看到文案内容之后不会产生抵触情绪。而且如果短视频中使用美妆产品化出来的妆容比较好看，短视频用户也更容易对短视频中的美妆产品动心。

在图 5-9 所示的短视频中便没有直接使用介绍产品的话术，而只是在短视频中适当地对要销售的美妆产品进行了展示。可即便如此，这条短视频也快速吸引了大量短视频用户的关注，而且短视频的相关产品也在短期内收获了大量的订单。

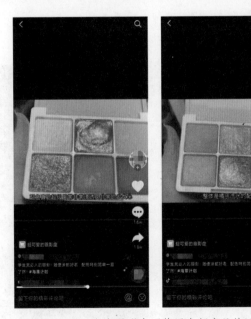

图 5-9 文字说明中不使用介绍产品的话术

TIPS 031 封面文案吸粉，一句话文案引爆流量

封面对于一条短视频来说是至关重要的，因为许多短视频用户都会根据封面呈现的内容，决定要不要点击查看短视频的内容。那么，如何为短视频选择最佳的封面图片呢？笔者认为大家重点

可以从以下 4 个方面进行考虑。

1. 根据与内容的关联性选择

如果将一条短视频比作一篇文章，那么短视频的封面相当于文章的标题。所以，在选择短视频封面时，一定要考虑封面图片与短视频的关联性。如果短视频封面与短视频内容的关联性太弱了，那么就会让人觉得文不对题。在这种情况下，短视频用户看完短视频之后，自然就会生出不满情绪，甚至产生厌恶感。

其实，根据与内容的关联性选择短视频封面的方法很简单。短视频运营者只需要根据短视频的主要内容选择能够代表主题的文字和画面即可。

图 5-10 所示为制作糖醋排骨的短视频的封面。这个封面在根据与内容的关联性选择封面方面就做得很好。因为它直接呈现的是制作完成的糖醋排骨，而且还在封面中显示了"糖醋排骨"这几个字。这样一来，短视频用户看到封面之后就能大致判断这个短视频是要展示糖醋排骨的制作过程了。

图 5-10　根据与内容的关联性选择的封面图

2. 根据账号的风格特点选择

一些短视频账号在经过一段时间的运营之后，在短视频封面的选择上可能已经形成了自身的风格特色，而短视频用户也接受了这种风格特色，甚至部分短视频用户还表现出对这种短视频封面风格的喜爱。

例如，某短视频运营者在短视频出境时有一句口头禅"oh my god！"因此"OMG！"就成为了该短视频运营者发布短视频的封面必备要素，如图 5-11 所示。

图 5-11　该短视频运营者发布的短视频封面

那么，短视频运营者在选择短视频封面时，就可以延续自身的风格特色，也就是根据以往短视频的风格特色来选择封面图片。

3. 根据短视频平台规则选择

许多短视频平台都有自己的规则，有的短视频平台甚至将这些规则整理成文档进行了展示。对于短视频运营者来说，要想更好地运营短视频账号，就应该遵循平台的规则。

通常来说，各短视频平台中会通过规则的制定，对短视频运营者在平台上的各种行为进行规范。短视频运营者可以从规则中找出与短视频封面相关的内容，并在选择短视频封面时，将相关规则作为重要的参考依据。

以抖音短视频平台为例，它制定了《"抖音"用户服务协议》，该协议包含的内容比较丰富。短视频运营者在制作短视频封面时，可以重点参考该协议中的相关内容，具体如图 5-12 所示。

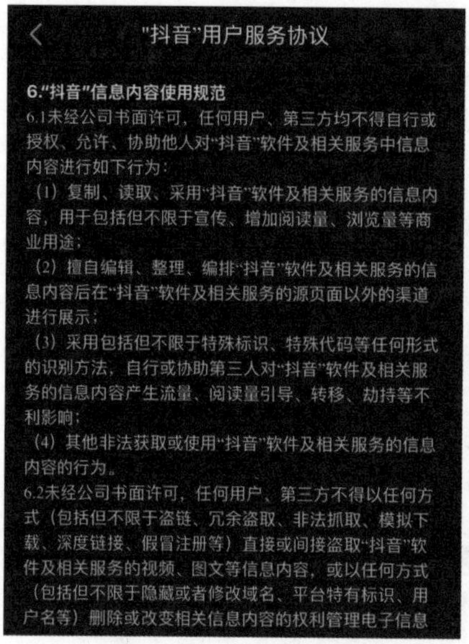

"抖音"用户服务协议

6."抖音"信息内容使用规范

6.1未经公司书面许可，任何用户、第三方均不得自行或授权、允许、协助他人对"抖音"软件及相关服务中信息内容进行如下行为：

（1）复制、读取、采用"抖音"软件及相关服务的信息内容，用于包括但不限于宣传、增加阅读量、浏览量等商业用途；

（2）擅自编辑、整理、编排"抖音"软件及相关服务的信息内容后在"抖音"软件及相关服务的源页面以外的渠道进行展示；

（3）采用包括但不限于特殊标识、特殊代码等任何形式的识别方法，自行或协助第三人对"抖音"软件及相关服务的信息内容产生流量、阅读量引导、转移、劫持等不利影响；

（4）其他非法获取或使用"抖音"软件及相关服务的信息内容的行为。

6.2未经公司书面许可，任何用户、第三方不得以任何方式（包括但不限于盗链、冗余盗取、非法抓取、模拟下载、深度链接、假冒注册等）直接或间接盗取"抖音"软件及相关服务的视频、图文等信息内容，或以任何方式（包括但不限于隐藏或者修改域名、平台特有标识、用户名等）删除或改变相关信息内容的权利管理电子信息

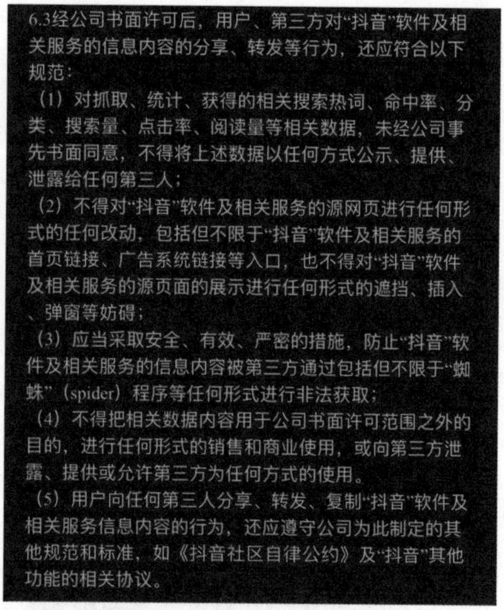

6.3经公司书面许可后，用户、第三方对"抖音"软件及相关服务的信息内容的分享、转发等行为，还应符合以下规范：

（1）对抓取、统计、获得的相关搜索热词、命中率、分类、搜索量、点击率、阅读量等相关数据，未经公司事先书面同意，不得将上述数据以任何方式公示、提供、泄露给任何第三人；

（2）不得对"抖音"软件及相关服务的源网页进行任何形式的任何改动，包括但不限于"抖音"软件及相关服务的首页链接、广告系统链接等入口，也不得对"抖音"软件及相关服务的源页面的展示进行任何形式的遮挡、插入、弹窗等妨碍；

（3）应当采取安全、有效、严密的措施，防止"抖音"软件及相关服务的信息内容被第三方通过包括但不限于"蜘蛛"（spider）程序等任何形式进行非法获取；

（4）不得把相关数据内容用于公司书面许可范围之外的目的，进行任何形式的销售和商业使用，或向第三方泄露、提供或允许第三方为任何方式的使用。

（5）用户向任何第三人分享、转发、复制"抖音"软件及相关服务信息内容的行为，还应遵守公司为此制定的其他规范和标准，如《抖音社区自律公约》及"抖音"其他功能的相关协议。

图 5-12　“抖音”信息内容使用规范

4. 根据短视频内容设计美化

短视频的封面是观众对短视频的第一印象，直接决定了用户对你是否感兴趣，决定了他要不要打开你的短视频。所以，短视频运营者可以利用手机后期修图，来让短视频封面更好看。下面笔者向大家介绍使用手机 App 制作短视频封面的方法。

（1）裁剪照片的尺寸

我们在设计封面的时候，尺寸一定要符合平台的规则。下面以抖音平台为例，该平台适合的封面尺寸为 9∶16，下面介绍在黄油相机中将照片裁剪成 9∶16 尺寸的方法，具体操作步骤如下。

步骤 01 打开黄油相机 App，点击主界面下方的按钮，如图 5-13 所示。

步骤 02 在手机相册中选择需要导入的照片素材，如图 5-14 所示。

步骤 03 执行操作后，进入照片编辑界面，❶ 在下方点击“布局”按钮；❷ 在展开的面板中点击“画布比”按钮，如图 5-15 所示。

步骤 04 弹出相应面板，其中提供了多种照片的裁剪尺寸和比例，❶ 这里点击 9∶16 的裁剪尺寸，此时照片被裁剪成 9∶16 的尺寸，在预览窗口中调整照片的裁剪区域，❷ 点击右下角的“确认”按钮，确认照片裁剪操作，如图 5-16 所示。

图 5-13　点击"选择照片"按钮

图 5-14　选择照片素材

图 5-15　点击"画布比"按钮

图 5-16　调整照片的裁剪区域

步骤 05 返回相应界面，点击右上角的"下一步"按钮，如图 5-17 所示。

步骤 06 进入相应界面，点击下方的"保存"按钮，如图 5-18 所示。

图 5-17　点击"下一步"按钮　　　　　图 5-18　点击"保存"按钮

（2）制作醒目的标题文字

黄油相机 App 的文字编辑功能非常强大，下面介绍给封面添加标题文字的操作方法。

步骤 01 在 App 界面中，点击下方的"加字"按钮 **T**，如图 5-19 所示。

步骤 02 弹出相应面板，点击"新文本"按钮 **T**，如图 5-20 所示。

图 5-19　点击"加字"按钮　　　　　图 5-20　点击"新文本"按钮

步骤 03 执行操作后，进入文本编辑界面，如图 5-21 所示。

步骤 04 ❶ 双击预览窗口中的文本框；❷ 输入相应的标题；❸ 点击右下角的"确认"按钮✓，如图 5-22 所示。

图 5-21　进入文本编辑界面　　　　　　　图 5-22　点击"确认"按钮

步骤 05 输入标题后，点击相应的字体，更改标题字体，如图 5-23 所示。

步骤 06 切换至格式设置面板，点击"描边"按钮Ⓐ，给文字加上白色描边，使标题文字更加醒目，如图 5-24 所示。

图 5-23　更改标题字体　　　　　　　　　图 5-24　加上白色描边

步骤 07 ❶点击"背景"按钮⚫，可以给标题加一个白色背景；❷点击右下角的"确认"按钮✓，即可确认文本的格式设置，如图 5-25 所示。

步骤 08 返回相应界面，点击右上角的"去保存"按钮，如图 5-26 所示，进入相应界面，点击"保存"按钮，对封面进行保存即可。

图 5-25 点击"对勾"按钮

图 5-26 点击"去保存"按钮

（3）使用贴纸装饰封面

黄油相机 App 中的贴纸功能也非常好用，下面介绍将贴纸效果应用在封面上的方法。

步骤 01 点击"贴纸"面板中的"添加"按钮△，如图 5-27 所示。

步骤 02 弹出相应面板，其中提供了多种不同的贴纸类型，如图 5-28 所示。

图 5-27 点击"贴纸"按钮

图 5-28 弹出相应面板

步骤 03　选择一种粉色小花贴纸，如图 5-29 所示。

步骤 04　将该贴纸移至封面的合适位置，即可添加贴纸，效果如图 5-30 所示。

图 5-29　选择粉色小花贴纸　　　　　图 5-30　添加贴纸效果

（4）抠图合成的技巧

更换照片的背景可以得到效果不一样的封面，有时候可以使人物更加突出。下面教大家制作通过抠图合成封面照的具体操作方法。

步骤 01　打开天天 P 图 App，❶ 点击"魔法抠图"按钮；❷ 进入模板选择界面，选择一个合适的模板，如图 5-31 所示。

图 5-31　点击"魔法抠图"按钮，选择合适的模板

步骤 02 ❶ 点击模板下的"抠图"按钮；❷ 在相册中选择需要抠图的照片，如图 5-32 所示。

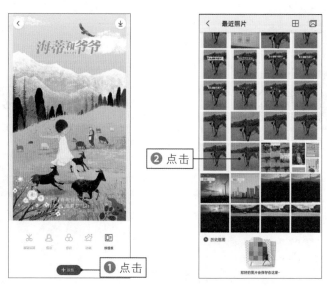

图 5-32 点击"抠图"按钮，选择一张照片

步骤 03 ❶ 点击"☒"按钮将弹出的选项清除；❷ 点击"快速选取"按钮 ✋，可以将人物大致抠出来，如图 5-33 所示。

图 5-33 点击"快速选取"按钮

步骤 04 点击"画笔"按钮✎，涂抹人物身上空白处，如图 5-34 所示。

步骤 05 点击"橡皮擦"按钮✎，擦除人物以外的部分，如图 5-35 所示。

图 5-34　点击"画笔"按钮　　　　　　　图 5-35　点击"橡皮擦"按钮

步骤 06 点击"确认"按钮✓，就能将抠好的人物粘贴到模板中了，如图 5-36 所示。

图 5-36　将抠好的人物粘贴在模板上

步骤 07 拖曳"●"按钮，可以调整人物的位置，将其放置在一个合适的位置，如图 5-37 所示。

步骤 08 点击"保存"按钮 ⬇，保存制作好的封面，如图 5-38 所示。

图 5-37　拖曳照片位置　　　　　　　图 5-38　保存封面

个人资料吸粉，账号的视频印象引流

TIPS 032

　　当你和不认识的人开始接触时，第一眼肯定看不到他的内在世界，往往会通过他的外表穿着、样貌来进行判断。这与用户看短视频账号同理，首先会看到短视频账号的头像、名称和简介。

1. 设置账号头像

　　好的头像可以塑造账号的人设。短视频运营者想抓牢用户，账号的头像设置可不能少。下面先来看下比较知名的账号头像，如图 5-39 所示。

图 5-39　知名账号头像

关注短视频的小伙伴应该可以一眼看出，该头像先由上到下，再由左到右分别为"一条小团团""一禅小和尚""浪味仙""人民日报""李子柒"和"陈翔六点半"。好的头像是短视频账号的第一张脸，用户可以通过头像来对账号加深记忆。一般来说，头像分为 3 种类型，如图 5-40 所示。

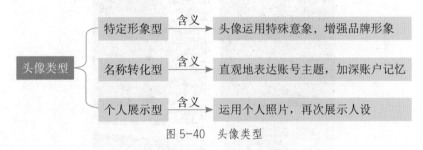

图 5-40　头像类型

视觉印象的主要作用不是为了美观好看，而是通过视觉印象让用户记住账号。在设置账号头像时有 3 个基本的技巧，具体分析如图 5-41 所示。

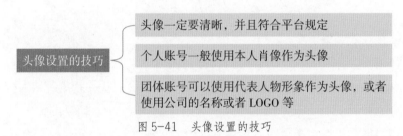

图 5-41　头像设置的技巧

短视频账号的头像需要有特点，必须展现自己最美的一面，或者展现企业的良好形象。用户可以进入"编辑资料"界面，从相册中选择或直接拍摄即可修改。不过需要注意的是，头像选定以后切忌经常更换，这种做法会大大影响用户对账号的记忆。

2. 设置吸睛名称

除了账号的头像，账号的名称也很重要。账号名称一般可以分为以下 3 种类型。

（1）个人品牌型

个人品牌型名称指的是短视频运营者选用特定名称来代表账号。它的优势是花样多、特点性强，并且适用于所有账号；它的劣势是对新账号不友好，用户通过账号名称不能直接获取该账号对应的领域内容。

例如，在抖音平台上，有很多优秀短视频账号就选用了个人品牌型名称，因为其名字就代表了自己的个人品牌，并且个人品牌型名称花样强，不容易撞名。

图 5-42 所示为个人品牌型的账号主页。

图 5-42 个人品牌型的账号主页

（2）直观领域型

直观领域型名称指的是短视频运营者在名称中加入领域内容。它的优势是用户能直观地感受到账号的内容领域，账号方向更垂直，并且用户搜索领域内容时账号更容易被发现；它的劣势是同类型的名称太多，竞争压力大，而且没有个人特色。

例如，很多优秀短视频账号就是直接引用了非常直观的领域内容名称，更好地针对目标用户，如图 5-43 所示。

图 5-43 直观领域型的账号主页

（3）官方平台型

官方平台型名称指的是短视频运营者官方入驻的名称。它的优势是给用户权威感，还能增强品牌影响力和知名度；它的劣势是只有官方认证账号才适用。

短视频运营者选取账号名称一定要针对账号现有情况，发挥名称的最大作用。在设置账号名字时有 3 个基本的技巧，具体分析如图 5-44 所示。

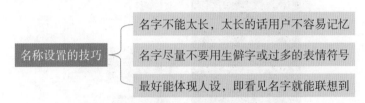

图 5-44　名称设置的技巧

3. 账号简介设计

除了头像、名称的设置，短视频运营者还可在"编辑个人资料"界面中填写性别、生日、星座、所在地和个人介绍等个人资料。在这些资料中，短视频运营者需要注意的是账号简介。

一般来说，短视频账号简介通常要简单明了，其主要原则是"描述账号 + 引导关注"。账号简介可以用多行文字，前半部分描述账号特点或功能，后半部分引导用户关注，用引导性内容来吸引用户关注，如图 5-45 所示。

图 5-45　在简介中引导用户关注

除此之外，短视频运营者还可以在账号简介中巧妙地推荐自己的其他平台账号，构建自己的流量池，如图 5-46 所示。

图 5-46　巧妙推荐自己的其他平台账号

抖音符号吸粉，用好"@"与"#"

"@"是提醒对方关注你发布的内容。一般来说，在抖音平台常见的"@"对象为"抖音小助手"，通过"@"平台官方，来获得短视频流量，如图 5-47 所示。

图 5-47　@抖音小助手

　　"#"的作用是给短视频的内容设置话题标签，蹭上热门话题，更容易让人搜索匹配到相关短视频。

　　例如，在短视频设置了"#家政"这个话题标签，每次短视频运营者都以这个话题创作内容时，以后短视频用户搜索"#家政"这个话题的时候，就更容易匹配到自己的短视频账号，从而提高短视频的曝光率，如图 5-48 所示。

图 5-48　搜索"#家政"话题

　　又例如，如果短视频运营者做的是美妆类目，建议短视频可以用"#美妆"话题，或者可以找美妆类目的热点话题，这样就可以蹭上热搜，如图 5-49 所示。

图 5-49　搜索"#美妆"相关话题

引出痛点话题，引导用户参与讨论

短视频运营者可以在短视频中通过话术引出痛点话题，一方面可以引导短视频用户针对该问题进行讨论，另一方面如果短视频中解决了痛点，那么短视频内容对于有相同痛点的短视频用户就是有用处的，如图 5-50 所示。

图 5-50　根据痛点话题制作解决痛点的短视频

对于需要进行图片处理的人群来说，去除图片上的水印无疑是一大痛点。一方面图片上有水印不好看，必须要将水印去除；另一方面水印的种类很多，有些水印凭借自己目前的能力是没有办法完全去除的。

因此，看到去除水印的短视频时，这部分人群就会比较感兴趣，甚至会通过短视频评论区进行讨论。而该短视频又提供了多种去除水印的方法，所以看到这个短视频之后，大部分有图片水印去除需求的短视频用户都会觉得短视频的内容是非常实用的。

对于对自己有用处的短视频内容，短视频用户也会更愿意点赞、转发。这样一来，短视频的引流能力就会快速获得提升。

主动私信用户，展示你的热情

私信是许多短视频平台中用于沟通的重要工具。当我们需要与他人进行一对一的沟通时，便可以借助私信功能来实现。对于短视频运营者来说，私信则是能够表达自身态度的一种沟通方式。

当短视频运营者通过一定的话术主动私信短视频用户时，便可以将自身的热情展示给被私信的短视频用户。在给短视频用户发私信时，短视频运营者可以表达对短视频用户的欢迎，也可以通过一定的话术，引导短视频用户关注短视频账号，甚至可以引导短视频用户添加你的联系方式。

对于短视频用户来说，如果短视频运营者能够主动发送私信，或者及时回答私信中提出的问题。那么短视频用户就会感受到你的热情。而且，如果你的私信中进行了适当的引导，短视频用户还会主动关注对应的账号，或者添加对应的联系方式。在这种情况下，短视频运营者引流涨粉的目的自然就更容易达到了。

首发背景音乐，吸引用户拍摄同款

在进行短视频引流的过程中，短视频运营者需要充分发挥自身的优势，主动创造条件，为账号吸引更多的流量。如果短视频运营者本身是一位音乐人，便可以通过首发背景音乐的方式，并结合相应的话术吸引用户拍摄同款，从而借助该背景音乐的传播，让更多短视频用户关注你的账号。当然，如果你创作的背景音乐足够优秀，有时候甚至不需要结合话术进行推广，也能获得许多短视频用户的关注。

例如，某短视频账号运营者是一名歌手，他在抖音上发布了许多自己的音乐作品。当抖音用户拍摄并发布短视频之后，短视频播放界面则会在"音乐人"一栏，显示"伴酒主歌版"，如图 5-51 所示。

图 5-51　使用了该账号音乐的短视频

　　短视频用户看到背景音乐显示的内容之后，就知道这个背景音乐是该账号的歌曲《伴酒主歌版》。这样一来，短视频运营者便可以借助该背景音乐的使用获得一定的流量。

第6章

成交文案:
6 个技巧写出爆款成交文案

通过短视频带货是许多短视频主要的变现方式之一。而短视频的带货效果又与成交文案有着直接关系。

所以,在通过短视频带货的过程中,短视频运营者需要掌握成交文案的写作,通过成交文案来引爆销量,激发用户的购买欲望。

视频带货：需要掌握的话术要点

在借助短视频带货的过程中，话术的使用非常重要，使用正确的话术能让短视频的带货能力成倍增长。

那么，在用短视频带货的过程中要如何使用正确的话术呢？下面介绍用短视频带货需要掌握的 5 个话术要点。

1. 口头用语，快速拉近与用户的距离

口头用语是指在日常生活中人们经常使用的、口头化的语言，也正是因为口头用语是常用语言，所以当短视频运营者在短视频中使用口头用语时，就能快速拉近与用户的距离，让用户看后、听后觉得特别亲切。图 6-1 所示为使用口头用语的短视频。

图 6-1　使用口头用语的短视频

在图 6-1 的两个短视频中，"等有条件了，考虑入一个""一直舍不得买的绝美锦鲤眼影盘，9 月 22 日终于降价了，超划算"就属于口头用语。当短视频用户看到这一类表达时，会有一种短视频运营者在和自己打招呼、表达态度的感觉，而不会觉得这就是在硬性植入广告。

因此，对于这一类广告，短视频用户看到之后通常不容易生出反感情绪，这便能从一定程度上提高短视频的完播率。再加上短视频中对产品的展示，可以有效地增加短视频用户对产品的需求。

所以，使用口头用语这种话术通常能在快速拉近与用户距离的同时，吸引短视频用户关注产品，从而更好地提高短视频的带货能力。

2. 巧妙植入，剧情式视频成交文案

虽然短视频有时候不过短短的十几秒，但是，短视频用户仍然会对短视频的内容有所追求。许多短视频用户都喜欢有一定剧情的短视频，因为这种短视频更有代入感，也更有趣味性。

所以，剧情式的短视频内容获得的流量，通常要比一般的短视频多一些。而对于短视频运营者来说，无论是一般的短视频文案，还是短视频成交文案，流量的获得都是关键。

获得的流量越多，通常就更容易达到营销目标。如果硬性植入广告，会让短视频用户产生反感情绪。所以，通过剧情式短视频将产品进行巧妙地植入，也不失为一种不错的短视频带货方式。图 6-2 所示为在剧情中植入产品使用场景的短视频。

图 6-2　在剧情中植入产品使用场景的短视频

该短视频讲述的主要是上班迟到的剧情。虽然短视频的标题中未出现与要销售的产品相关的信息，但是却在短视频中展示了使用产品的场景。而且因为许多人起晚后着急上班没时间洗漱，所以将在办公室里放置电动牙刷这种行为植入到剧情中也不会显得太过突兀。

在剧情式短视频中植入产品时，产品与剧情的融合度至关重要。如果植入的

产品与剧情本身风马牛不相及，短视频用户在看到产品之后，可能就会觉得植入过硬。因此，短视频运营者在通过剧情式短视频带货时，最好根据要植入的产品来设计合理的剧情，如图 6-3 所示。

图 6-3　让植入的产品与剧情更好地融合

该短视频通过主人公深夜肚子饿了，以寻找吃的内容为切入点，用剧情的形式展示了某品牌牛肉产品的食用便捷和美味。这样一来，短视频用户会觉得情节很自然，这样在短视频中植入该产品就不容易让短视频用户反感了。

剧情植入就是将广告悄无声息地与短视频的剧情结合起来。比如，短视频中的主人公收快递的时候，吃零食、搬东西，以及去逛街买衣服的时候等，都可以进行广告植入。可能有的短视频运营者觉得根据产品来设计专门的剧情，不仅麻烦，而且还不一定能获得预期的效果。在笔者看来，很多事情做了虽然不一定能看到预期的效果，但不做就一定看不到预期的效果。

更何况，根据产品设计的剧情拍摄的短视频对短视频用户更具有吸引力。即使这样做难以在短期内提高产品的销量，但是产品被更多短视频用户看到了，从长期来看，对于提高产品的销量也是有所助益的。

3. 借用金句，揭秘大咖话语营销术

每行每业都会有一些知名度比较高的大咖，大咖之所以能成为大咖，就是因为其在行业中具有比较专业的素质，并且还获得了傲然的成绩。

这些人之所以能成功，就在于他们懂得通过话术引导短视频用户购买产品。甚至有的带货主播还形成了自己的特色营销话术。

以某短视频头部账号为例，他在短视频和直播过程就有许多属于自己的特色营销话术，或者说是金句，其中之一就是用"oh my god"来引导短视频用户购买产品，如图 6-4 所示。

图 6-4　通过定位加强人设特征

其实，同样是带货，大咖用"oh my god"来引导短视频用户购买产品，普通短视频运营者同样可以用"买它"起到带货作用。因此，当短视频运营者看到一些大咖的营销金句时，不妨也借过来试用一下，如图 6-5 所示。

图 6-5　借用大咖营销金句的短视频

在这两个短视频中，便借用了大咖的金句"oh my god"。而且这两个短视频的点赞、评论和转发量都还比较可观。由此也可以看出，借用金句确实能够起到引导用户关注、带动产品销售的作用。

4. 亲身试用，让用户觉得直观可信

俗话说得好："耳听为虚，眼见为实。"只有亲眼看到的东西，人们才会相信。其实，在产品购买的过程中也是如此。如果短视频运营者只是一味地说产品如何如何好，但却看不到实际的效果，那么短视频用户可能就会觉得你只是在自卖自夸，这就很难打动短视频用户了。

针对这一点，短视频运营者在制作短视频时，可以亲身试用产品，让短视频用户看到产品的使用效果，并配备相应的话术进行说明。这样，短视频用户在看到你的带货短视频时，就会觉得比较直观、可信。

因此，在条件允许的情况下，笔者还是建议大家尽可能地在带货短视频中将亲身试用产品的效果进行展示。

其实，亲身试用操作起来很简单。如果销售的是服装，只需展示穿上服装后的效果即可；如果销售的是化妆品，如口红，只需将化妆品涂在身上的效果展示出来即可，如图 6-6 所示。

图 6-6 亲身试用的短视频

亲身试用对于接触皮肤和食用型产品尤其重要，因为短视频用户对于使用这些产品是否安全会特别关注。如果短视频运营者不在短视频中展示亲身使用的效果，那么部分短视频用户就会觉得你销售的产品可能使用之后会造成什么问题。这样一来，短视频用户自然不会轻易下单购买产品了。

5.对比同款，突出产品的显著优势

有一句话说得好："没有对比，就没有差距。"如果短视频运营者能够将同款产品（或者相同功效的产品）进行对比，那么短视频用户就能直观地把握产品之间的差距，更清楚地看到你的产品的优势，如图 6-7 所示。

图 6-7　通过对比展现产品的优势

该短视频就是将同品牌的新老版本粉底液进行对比，来凸显新版粉底液的妆效持久性和遮瑕饼的优势。本来这个品牌的老版粉底液质量就比较好，也获得了一大批忠实的用户。通过短视频中的对比，短视频用户就会觉得新版更好用。这样一来，短视频对于该新版粉底液的购买欲望很自然地就提高了。

当然，有的短视频运营者可能觉得将自己的产品和他人的产品进行对比，有踩低他人产品的意味，可能会得罪人。此时，短视频运营者可以转换一下思路，用自己的产品进行对比，让自己产品的优势得以凸显。

文案撰写：优质文案赢得信任度

谁都不会购买自己不信任的产品，所以，短视频运营者如果想要让短视频用户购买自己的产品，那么就必须先赢得用户的信任。赢得用户信任的方法有很多，其中比较直接有效的一种方法就是写出好的成交文案。

那么怎样写出好的成交文案呢？笔者认为，大家可以从 5 个方面进行重点突破，本节就来分别进行说明。

1. 树立权威，塑造专业的形象

有的短视频用户在购买产品时会对短视频运营者自身的专业性进行评估，如果短视频运营者自身的专业度不够，那么短视频用户就会对短视频运营者推荐的产品产生怀疑。所以，在运营短视频账号的过程中，还需要通过短视频文案来树立权威，塑造自身的专业形象，增强短视频用户对自身的信任感。这一点对于专业性比较强的领域来说，显得尤为重要。

例如，摄影就是一个很讲究专业性的领域，如果摄影类短视频运营者不能分享专业性的知识，那么就不能获得短视频用户的信任，就更不用说通过短视频销售摄影类产品了。

也正是因为如此，许多摄影类短视频运营者都会通过短视频文案来凸显自身的专业性。图 6-8 所示为某摄影类运营者发布的短视频。

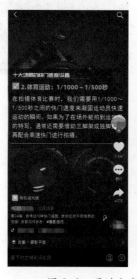 

图 6-8　通过文案凸显自身专业性

在该短视频中，就是通过文案中 10 种快门速度的设置来凸显自身的专业性的。因为短视频运营者这个短视频中对 10 种快门的设置进行了详细的说明，说明短视频用户看到该短视频文案之后，就会觉得该短视频运营者在摄影方面非常专业。

在这种情况下，短视频用户看到短视频中的摄影产品链接，就会觉得该产品是短视频运营者带有专业眼光挑选的。因此，短视频用户对于短视频中销售的摄影产品很自然地就多了一份信任感。

2. 以事实力证，获得用户的认可

有一句话说得好："事实胜于雄辩！"说得再多，也不如直接摆事实有说服力。短视频运营者与其将产品夸得天花乱坠，还不如直接摆事实，让短视频用户看到使用产品后的真实效果。图 6-9 所示为一个销售大码女装的短视频。

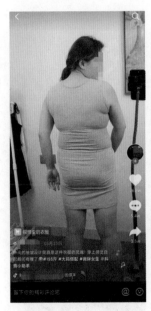

图 6-9　通过事实力证产品使用效果

该短视频中并没有对自己的大码服装进行太多的夸耀，而是直接将穿其他服装的效果和穿上大码服装后的效果进行对比，用事实力证其大码服装的遮肉效果。

因为有事实力证，所以短视频用户通过该短视频可以很直观地看到该大码服装的上身效果。再加上上身效果也确实比较好，因此部分身材有些肥胖的女性在看到该短视频文案时，就会觉得短视频中的大码服装值得一试了。

3. 借力顾客，打造产品的口碑

从短视频用户的角度来看，短视频运营者毕竟是需要通过销售产品来变现的，所以，如果只是短视频运营者说产品各种好，短视频用户通常是不会轻易相信的。因此，短视频运营者在制作短视频文案时，可以通过适当接力顾客来打造产品和店铺的口碑。

借力顾客打造口碑的方法有很多，既可以展示顾客的好评，也可以展示店铺的销量或店铺门前排队的人群，还可以将顾客对店铺或产品的肯定表达出来，让短视频用户看到。

借力顾客打造产品口碑对于实体店运营者来说尤其重要，因为有一些实体店经营的产品是无法通过网上发货的，最多就是通过外卖的方式送到附近顾客的手中。

而借力顾客打造产品口碑，则会让附近看到店铺相关短视频的短视频用户对店铺及店铺中的产品多一分兴趣。这样一来，店铺便可以直接将附近的短视频用户直接转化为店铺的顾客了。

例如，某长沙网红奶茶品牌就是通过顾客的宣传而走红的。图 6-10 所示为顾客宣传该奶茶的短视频。

图 6-10 让顾客帮忙宣传

4. 消除疑虑，解答用户的疑问

如果短视频用户对短视频中销售的产品还有疑虑，那么他们通常是不会购买的。因为通过短视频平台销售产品时，短视频用户是无法直接体验产品的，所以心中难免会对产品有所疑虑。因此，在制作短视频成交文案时，短视频运营者还需要解答用户的疑问，让短视频用户放心购买产品，如图 6-11 所示。

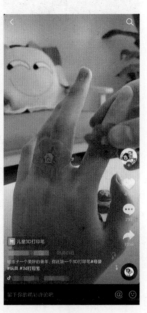

图 6-11 通过文案消除用户的疑虑

在该短视频文案中，短视频运营者表示自己销售的笔"想要什么就可以画什么"。看到这里，许多短视频用户心中都会有疑虑，是不是真的有这么神奇，什么都能画呢？为了验证这一点，短视频运营者在短视频中展示了画小花戒指的过程，并且将画完的戒指略经处理就戴到了手指上。看到这里，许多短视频用户心中的疑问便得到了解答。

许多短视频用户有过失败的网购经验，所以对于网上销售的产品会有一些不信任感。短视频运营者想要获得这些短视频用户的信任，就要消除短视频用户的疑虑，让短视频用户信任你的产品。

5. 扬长避短，重点展示出优势

无论哪种产品，都会既有缺点也有优点，这本来是一件很自然的事。但是，有的短视频用户过于在意产品的不足，如果看到产品有不如意的地方，就会失去购买兴趣。

为了充分挖掘这部分短视频用户的购买力，短视频运营者在展示产品时，需要选择性地对产品的优缺点进行呈现。更具体地说，就是要尽可能地扬长避短，重点展示产品的优势，而不要让短视频用户看到产品的不足，如图 6-12 所示。

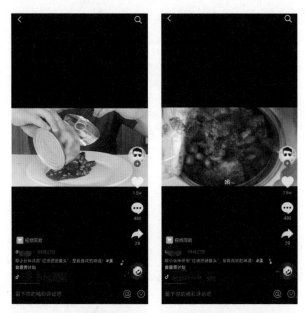

图 6-12　重点展示产品的优势

　　在该短视频中，短视频运营者在重点对产品"不添加食品防腐剂""在家不用加热就能吃""味道和在店里吃的一模一样"等优点进行了说明。正是因为该产品优点众多，所以，对于这一类产品有需求的短视频用户，在看到该短视频文案之后很容易就动心了。

　　同样以此短视频中的产品为例，如果短视频用户将产品的缺点说出来，如"保质期短，收到后应尽快食用""运输的过程中可能会导致汤汁泄漏"。试想，还有多少短视频用户愿意购买这件产品呢？

　　部分短视频运营者可能会觉得扬长避短，重点展示产品的优点是在刻意隐瞒产品信息。笔者对此不是很认同。谁都希望将自己好的一面展现给他人，既然人可以扬长避短，为什么产品不可以呢？而且这也不是刻意隐瞒，而是选择对自己有利的信息进行重点展示。

　　正所谓："金无足赤，人无完人。"世界上没有十全十美的事物，产品也是如此，无论是什么产品，总会有一些缺点和不足。有缺点和不足并不可怕，可怕的是缺点和不足被无限放大，成为了产品的致命弱点。实际上，有时候只要处理得当，缺点和不足也能转化为凸显产品优势的一种助力。

放大卖点：将产品的优点摆出来

对于短视频运营者来说，有时候只是通过一个短视频就让短视频用户购买自己的产品是有一定难度的。但是，短视频运营者却可以通过短视频强化用户认知，让用户记住自己的产品。这样，短视频用户有购买需求时，很自然地就会想到你的产品。

每种产品都有许多优点，短视频运营者如果将产品的所有优点都摆出来，会让短视频用户难以把握重点。在笔者看来，与其花费心力挖掘和展示产品的各种优点，还不如集中放大产品的主要卖点，进行重点突破，如图 6-13 所示。

图 6-13　集中展示录音笔的功能

看完这个短视频之后，大部分短视频用户都会对短视频中的录音笔留下深刻的印象。因为在这条短视频中，对该录音笔可以翻译多种语言这个主要卖点进行了多个角度的展示。

集中放大产品卖点，对于拥有某个突出卖点的产品来说非常实用。通过集中放大的展示，能够强化产品的主要卖点，让短视频用户快速把握住产品的卖点。图 6-14 所示为一个关于折叠垃圾桶的短视频。

与一般垃圾桶相比，这种垃圾桶最主要的卖点就是可以折叠，摆放和使用非常便利。因此，短视频运营者便围绕该卖点打造了短视频文案，让短视频用户看完短视频之后就能直观地把握住卖点。

图 6-14　集中展示折叠垃圾桶的便利性

用处直观：让用户快速理解产品

　　通常来说，短视频用户在购买一件产品时，都会先判断这件产品对自己是否有用。如果产品对自己没有用，他们肯定是不会购买的。另外，如果对产品的理解不够，不知道产品对自己是否有用，许多短视频用户可能也不会轻易下单。

　　因此，如果短视频运营者想让短视频用户购买自己的产品，就需要通过短视频让用户快速理解产品。这样，短视频用户才能根据自己的理解来判断产品是否是对自己有用的，而不至于因为对产品不理解，怕踩坑就直接放弃购买产品。

　　如果短视频运营者要销售的是一种新产品（此前市场上没有类似的产品）或拥有新功能的产品。那么通过短视频展示产品，让短视频用户快速理解产品就是非常重要而且必要的。

　　例如，某短视频中展示的是"AR 地球仪"，许多短视频用户看到这个名词可能难以理解。什么是 AR 地球仪？它与一般的地球仪有什么不同？为了帮助短视频用户快速理解产品，短视频运营者通过短视频对 AR 地球仪的使用方法进行了展示——随便用手机扫一下，便可以了解所扫描地区的相关知识。这样一来，短视频用户就能很好地把握 AR 地球仪这种新产品了，如图 6-15 所示。

图 6-15　通过展示让用户理解新产品

除了新出现的产品和拥有新功能的产品，一些以某些功能或特性为卖点的产品，也需要通过短视频的展示，让短视频用户理解产品的功能和特性。因为很多短视频用户都信奉"眼见为实"，只有看到短视频中进行了展示，他们才会理解并相信这些产品确实拥有某些功能或特性，如图 6-16 所示。

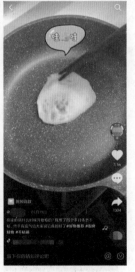

图 6-16　通过使用让用户理解产品的特性

该短视频展示的是一个"不粘锅"，顾名思义就是使用该锅烹制食品时，食品不会粘在锅上。那么短视频中的锅是不是真的不粘锅呢？许多短视频用户对此是有所怀疑的。

而短视频运营者也明白短视频用户心中所想，所以，在短视频中展示了使用此锅煎鸡蛋的全过程。短视频用户看完煎鸡蛋的短视频之后，看到锅上面真的没有粘上鸡蛋，对于该锅的不粘特性自然也就理解并相信了。

TIPS 041 简单易记：给用户留下印象

要让短视频用户记住一种产品通常有两种方法。一种是通过产品的展示，让产品给用户留下深刻的印象；另一种是通过文案营销，用简单易记的文案宣传产品，从而借助文案让短视频用户记住产品。这也是许多品牌商不惜花费大量成本做广告宣传的重要原因。

对于短视频运营者来说，编写短视频文案可能不算一件难事。但是，要制作一个有记忆点的短视频却不是一件容易的事。那么，如何让短视频文案更加简单易记呢？在这里，笔者重点给大家提供两种方案。

一种是通过趣味性的表达，让短视频用户在会心一笑之余，对短视频文案及短视频中的产品留下印象，如图 6-17 所示。

图 6-17　趣味性文案的短视频

该短视频中展示的是一种儿童玩具，短视频运营者给短视频配的标题是"趁女儿去睡，我玩会"。这个标题能让短视频用户感受到短视频运营者趣味性表达的同时，明白这种玩具对大人都有一定的诱惑力。因此，看到标题和短视频之后，短视频用户很快就留下了印象，并记住了短视频中的产品。

另一种是通过说明性的文字，对产品的主要功能和特性进行形象的说明，让短视频用户可以通过文案直观地把握产品的功能和特性，如图 6-18 所示。

图 6-18　说明性文案的短视频

该短视频展示的是某手机品牌的新功能，即"视频通话美颜"。短视频运营者运用说明性的文字，让短视频用户快速了解了手机的新功能。这种简单易记的短视频成交文案，也为产品增加了一大卖点。

线下成交：让用户进店消费产品

短视频平台属于线上平台，而部分短视频运营者则主要是在线下进行卖货变现的。那么，实体店如何吸引短视频用户进店消费，实现高效变现呢？这一节笔者就给大家支 4 个招。

1. 以店铺为场景打造文案

以店铺为场景是什么意思？其实就是利用店铺本身，组织各种有趣的玩法，从而吸引用户的注意。当然，古风店铺包含自身的特色，很多实体店没有办法模仿。但是，也可以通过一些具有广泛适用性的活动来展示店铺场景。比如，可以在店铺门口开展"跳远打折"活动，为店铺进行造势。

大家都知道，现在实体店最吸引用户的其实已不再是产品本身了，因为电商平台的发展，使用户网购买产品更便捷。那么，实体店如何吸引短视频用户进店消费呢？一种方法就是让短视频用户对实体店铺有需求。

例如，曾经在短视频平台上比较火的"解忧坊"，就是在店铺中展示古色古香的场景来吸引抖音用户到线下实体店打卡的，如图 6-19 所示。

图 6-19　以店铺为场景的"解忧坊"

网购虽然方便，但是在许多人看来也是比较无聊的，因为它只是让人完成了购买行为，却不能让人在购物的过程中获得新奇的体验。如果在实体店铺中不仅能买到产品，而且有一些让短视频用户感兴趣的活动，那么短视频用户自然会更愿意去实体店铺打卡。

有的店铺会组织一些特色的活动，比如，让顾客和老板或者店员猜拳、组织对唱或者跳舞等。大家可以将特色活动拍成视频上传至短视频平台，从而展现店铺场景。这些活动在部分短视频用户看来是比较有趣的，所以在看到之后，就会对实体店铺心生向往。

2. 以员工的人设打造文案

你的店铺中有没有很有趣、很有特色的店员？能不能以店员的角度来看待店铺的经营情况，让视频内容看起来更加真实？

例如，有个店铺就是通过员工的技能来吸引顾客的。当顾客点了啤酒后，穿着日式服装的服务员就会主动过来给顾户现场开啤酒瓶盖，而且开盖工具用的不是常见的开瓶器，而是用日常生活中常见的物品。

在许多短视频用户看来，这种开瓶盖的形式很有意思，所以看到这个短视频之后，就会产生想要去店铺亲身体验一下的想法。这样一来，短视频运营者便通过员工人设的打造，增强了实体店铺对短视频用户的吸引力，如图 6-20 所示。

图 6-20　打造员工的人设

当然，有的店铺中的店员，看上去可能并没有什么特别的地方。那就可以在了解员工的基础上，对员工的独特之处进行挖掘和呈现。如果觉得这种挖掘不好做，可以直接招收一些比较有才的店员。

3. 以老板的人设打造文案

除了打造员工的人设，在短视频中还可以打造老板的人设。例如，上海很火的一家小浣熊咖啡馆，其老板就被打造成了美国帅哥的形象。因其老板的高颜值，吸引了很多用户前往，如图 6-21 所示。

你的老板有没有什么特别的地方？他（她）能不能在视频中出境呢？短视频平台上以老板为人设的账号有很多。

这些老板突然在短视频平台火了之后，就会为店铺带来很多用户流量。有的人可能是真的想要买东西，但更多的人可能只是想亲眼看看老板，了解老板在现实生活中到底是什么样的。

图 6-21　打造老板的人设

4. 以爆满的顾客打造文案

店铺中的人员比较有限，所能达到的宣传效果也比较有限，并且短视频用户可能会觉得由与店铺相关的人员拍摄的视频，不是很客观。此时可以拍摄店铺中爆满的顾客来进行宣传，如图 6-22 所示。

图 6-22　店铺中爆满的顾客

这和网购是一个道理，如果来店铺购买产品的人数多，自然能吸引更多的人前来购买。很多实体店铺能够成为网红店铺，都是因为顾客的宣传为店铺塑造了良好的口碑。如果拍摄的短视频上了热门，还可以获得一定的粉丝量。

第 **7** 章

文字特效：
6 个引人注目的文字效果的制作

我们在抖音上刷短视频的时候，常常可以看到很多短视频中都添加了字幕效果，或者是歌词，或者是语音解说文字，能够让观众在 15 秒内看到、看懂更多视频内容。同时，这些文字还有助于观众记住拍摄者要表达的信息，吸引他们点赞和关注。

TIPS 043 一分钟学会制作镂空文字，打造专业的短视频效果

　　下面介绍使用剪映 App 制作短视频片头镂空文字效果的方法。

步骤01 在剪映 App 中导入一个纯黑色素材，点击"文字"按钮，如图 7-1 所示。

步骤02 进入文本编辑界面，点击"新建文本"按钮，如图 7-2 所示。

图 7-1　点击"文字"按钮　　　　图 7-2　点击"新建文本"按钮

步骤03 执行操作后，进入"样式"界面，在文本框输入文字，如图 7-3 所示。

步骤04 在下方选择"特黑体"字体样式，效果如图 7-4 所示。

图 7-3　输入文字内容　　图 7-4　设置字体样式

步骤 05 将文字视频导出，并重新导入一个视频素材作为背景，点击"画中画"按钮，如图 7-5 所示。

步骤 06 进入画中画编辑界面，点击"新增画中画"按钮，如图 7-6 所示。

图 7-5 点击"画中画"按钮

图 7-6 点击"新增画中画"按钮

步骤 07 ❶ 在"视频"库中选择刚做好的文字视频；❷ 点击"添加"按钮，如图 7-7 所示。

步骤 08 执行操作后，导入文字视频，如图 7-8 所示。

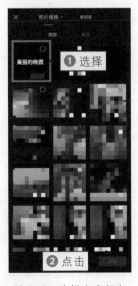

图 7-7 选择文字视频

图 7-8 导入文字视频

步骤09 在视频预览窗口中，调整文字视频画面的大小，使其铺满整个画面，如图 7-9 所示。

步骤10 在"时间轴"面板中适当调整文字视频的长度，如图 7-10 所示。

图 7-9　调整画面大小　　　　　图 7-10　调整文字视频的长度

步骤11 点击"混合模式"按钮进入其编辑界面，如图 7-11 所示。

步骤12 在其中选择"正片叠底"选项，即可添加"正片叠底"混合模式效果，如图 7-12 所示。

图 7-11　点击"混合模式"按钮　　图 7-12　选择"正片叠底"选项

130

步骤 13 点击"导出"按钮，导出视频。预览视频效果，如图 7-13 所示。

图 7-13　预览视频效果

TIPS 044　制作简单的字幕，边说话边出字幕炫酷有趣

剪映 App 的"识别字幕"功能准确率非常高，能够帮助用户快速识别并添加与视频时间对应的字幕图层，提升制作短视频的效率，下面介绍具体的操作方法。

步骤 01 在剪映 App 中导入一个视频素材，点击"文本"按钮，如图7-14所示。

步骤 02 进入文本编辑界面，点击"识别字幕"按钮，如图 7-15 所示。

图 7-14　点击"文本"按钮　　　图 7-15　点击"识别字幕"按钮

步骤 03 执行操作后，弹出"自动识别字幕"对话框，点击"开始识别"按钮，如图 7-16 所示。如果视频中本身存在字幕，可以选中"同时清空已有字幕"单选按钮，快速清除原来的字幕。

步骤 04 执行操作后，软件开始自动识别视频中的语音内容，如图 7-17 所示。

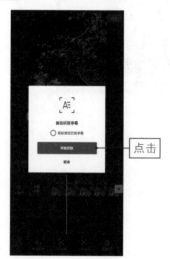

图 7-16　点击"开始识别"按钮

图 7-17　自动识别语音

步骤 05 稍等片刻，即可完成字幕识别，并自动生成对应的字幕图层，效果如图 7-18 所示。

步骤 06 拖曳时间轴，可以查看字幕效果，如图 7-19 所示。

图 7-18　生成字幕图层

图 7-19　查看字幕效果

步骤 07　在"时间轴"面板中选择相应的字幕，并在预览窗口中适当调整文字的大小，如图 7-20 所示。

步骤 08　点击"样式"按钮，还可以设置字幕的字体、描边、阴影、对齐方式等选项，如图 7-21 所示。

图 7-20　调整文字的大小　　　　　图 7-21　设置字幕样式

步骤 09　切换至"气泡"选项卡，为字幕添加一个气泡边框效果，突出字幕内容，如图 7-22 所示。

步骤 10　点击 ✔ 按钮，确认添加气泡文字效果，如图 7-23 所示。

图 7-22　添加气泡边框效果　　　　　图 7-23　添加气泡文字效果

步骤 **11** 点击"导出"按钮，导出视频。预览视频效果，如图 7-24 所示。

图 7-24　预览视频效果

TIPS **045**

制作漂亮的打字机效果字幕，分分钟搞定

下面介绍使用剪映 App 制作打字机文字动画效果的操作方法。

步骤 **01** 在剪映 App 中导入一个视频素材，点击"特效"按钮，如图 7-25 所示。

步骤 **02** 执行操作后，进入特效编辑界面，如图 7-26 所示。

步骤 **03** 在特效编辑界面中，选择"开幕"动画特效，如图 7-27 所示。

图 7-25　点击"特效"按钮　图 7-26　进入特效编辑界面

步骤 04 拖曳"动画时长"滑块来设置动画时长，如图 7-28 所示。

图 7-27　选择"开幕"动画特效　　　　图 7-28　设置"动画时长"

步骤 05 返回主界面，点击"文字"按钮进入文本编辑界面，如图 7-29 所示。

步骤 06 在文本框中输入相应的文字内容，如图 7-30 所示。

图 7-29　点击"文字"按钮　　　　　图 7-30　输入文字内容

步骤 07 拖曳文本框右下角的 图标，适当调整文本框的大小和位置，效果如图 7-31 所示。

步骤 08 在"样式"选项卡中选择一个合适的字体，效果如图 7-32 所示。

图 7-31　调整文本框的大小和位置　　　　　图 7-32　选择合适的字体

步骤 09 点击"动画"按钮，进入到"动画"选项卡，如图 7-33 所示。

步骤 10 在"入场动画"选项卡中，选择"打字机Ⅰ"效果，并调整动画效果的持续时间，如图 7-34 所示。

图 7-33　点击"动画"按钮　　　　　　图 7-34　选择"打字机Ⅰ"效果

步骤 11 点击 ✓ 按钮，添加字幕动画效果，如图 7-35 所示。

步骤**12** 返回主界面，再次进入"特效"界面，在"梦幻"选项卡中选择"关月亮"特效，如图 7-36 所示。

选择

图 7-35 添加字幕动画效果 　　图 7-36 选择"关月亮"特效

步骤**13** 点击 ✓ 按钮添加特效，并点击"导出"按钮，导出视频。预览视频效果，如图 7-37 所示。

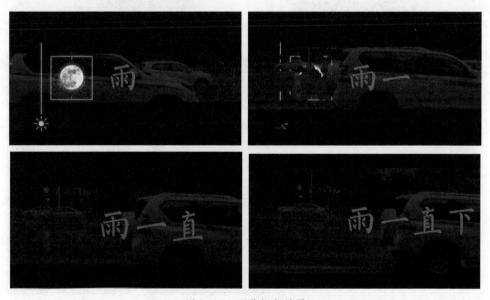

图 7-37 预览视频效果

制作音乐短视频 MTV 字幕，方法简单效果好

除了识别短视频字幕，剪映 App 还能够自动识别短视频中的歌词，可以非常方便地为背景音乐添加动态歌词，下面介绍具体的操作方法。

步骤01 在剪映 App 中导入一个视频素材，点击"文本"按钮，如图 7-38 所示。

步骤02 进入文本编辑界面，点击"识别歌词"按钮，如图 7-39 所示。

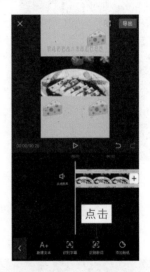

图 7-38　点击"文本"按钮　　　图 7-39　点击"识别歌词"按钮

步骤03 弹出"识别歌词"对话框，点击"开始识别"按钮，如图 7-40 所示。

步骤04 软件开始自动识别视频背景音乐中的歌词内容，如图 7-41 所示。

步骤05 稍等片刻，即可完成歌词识别，并自动生成歌词图层，如图 7-42 所示。

步骤06 拖曳时间轴，可以查看添加歌词后的效果，选中相

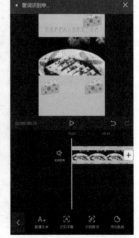

图 7-40　点击"开始识别"　图 7-41　开始识别歌词
按钮

应的歌词，点击"样式"按钮，如图 7-43 所示。

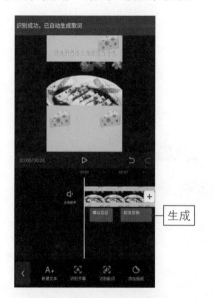

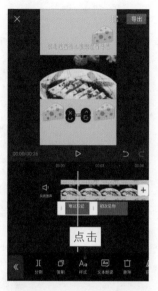

图 7-42　生成歌词图层　　　　　　　图 7-43　点击"样式"按钮

步骤 07 切换至"动画"选项卡，为歌词设置入场动画效果，如图 7-44 所示。

步骤 08 用同样的操作方法，为其他歌词添加动画效果，如图 7-45 所示。

图 7-44　设置入场动画效果　　　　　图 7-45　为其他歌词添加动画效果

步骤 09 点击"导出"按钮，导出视频。预览视频效果，如图 7-46 所示。

图 7-46　预览视频效果

TIPS 047　制作短视频中的字幕贴纸效果

使用剪映 App 能够直接给短视频添加字幕贴纸效果，使短视频画面更加精彩、有趣，吸引大家的目光，下面介绍具体的操作方法。

步骤 01 在剪映 App 中导入一个视频素材，点击"文字"按钮，如图 7-47 所示。

步骤 02 进入文本编辑界面，点击"添加贴纸"按钮，如图 7-48 所示。

步骤 03 执行操作后，进入"添加贴纸"界面，下方窗口中显示了软件提供的所有贴纸模板，如图 7-49 所示。

图 7-47　点击"文本"　图 7-48　点击"添加贴纸"
　　　　　按钮　　　　　　　　　按钮

步骤 04 点击相应贴纸，即可自动添加到视频画面中，如图 7-50 所示。

图 7-49　"添加贴纸"界面

图 7-50　添加 Vlog 贴纸

步骤 05 切换至"热门"选项卡，在其中选择一个与视频主题对应的文字贴纸，如图 7-51 所示。

步骤 06 点击✅按钮，添加文字贴纸，并生成对应的视频图层，如图 7-52 所示。

图 7-51　添加文字贴纸

图 7-52　生成文字贴纸视频图层

步骤 07 在"时间轴"面板中选择文字贴纸图层，调整其持续时间，如图 7-53

所示。

步骤08 进入动画界面，设置"入场动画"为"向上滑动"，如图 7-54 所示。

图 7-53　调整贴纸视频图层

图 7-54　设置"入场动画"

步骤09 点击"出场动画"选项卡，选择"向下滑动"动画效果，如图 7-55 所示。

步骤10 点击"循环动画"选项卡，选择"心跳"动画效果，如图 7-56 所示。

图 7-55　设置"出场动画"

图 7-56　设置"循环动画"

步骤 11 点击 ✓ 按钮，为贴纸添加动画效果，再点击"导出"按钮，导出视频。预览视频效果，如图 7-57 所示。

图 7-57　预览视频效果

TIPS 048　轻松制作字幕颜色分层效果，创作你的 MV

　　下面介绍使用剪映 App 的"花字"功能来制作字幕颜色分层效果的具体方法。

步骤 01 在剪映 App 中导入一个视频素材，点击左下角的"文本"按钮，如图 7-58 所示。

步骤 02 进入文本编辑界面，点击"新建文本"按钮，如图 7-59所示。

步骤 03 在文本框中输入符合短视频主题的文字内容，如图 7-60 所示。

步骤 04 ❶ 在预览区中按住文字素材并拖曳，调整文字的位置；❷ 在界面下方切换至"花字"选项卡，如图 7-61 所示。

图 7-58　点击"文本"　　图 7-59　点击"新建文本"
　　　　　按钮　　　　　　　　　　按钮

输入

① 输入

② 切换

图 7-60 输入文字

图 7-61 调整文字的位置

步骤 05 在"花字"选项卡中选择相应的样式，即可快速为文字应用"花字"效果，如图 7-62 所示。

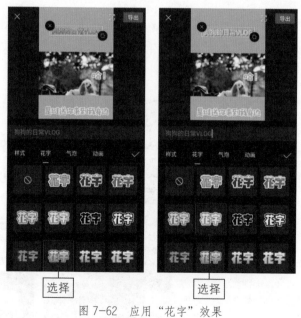

选择

选择

图 7-62 应用"花字"效果

步骤 06 这里选择一个与背景色反差较大的"花字"样式，如图 7-63 所示。

步骤 07 按住文本框右下角的 ▣ 按钮并拖曳，即可调整文字的大小，效果如图 7-64 所示。

图 7-63　选择"花字"样式

图 7-64　调整文字的大小

步骤 08 点击右下角的 ☑ 按钮确认，即可添加花字文本。单击"导出"按钮，导出视频文件。预览视频效果，如图 7-65 所示。

图 7-65　预览视频效果

第 **8** 章

脚本编写：
7 个技巧吸引百万粉丝点赞

编写脚本是拍摄短视频的前提工作，脚本编写得好，短视频通常都会得到不错的播放量。

那么，如何编写脚本，让粉丝为根据脚本打造的短视频点赞呢？本章笔者就来重点和大家聊一聊这个问题。

整体架构：短视频脚本的创作流程

短视频脚本的编写是有技巧的，如果短视频运营者掌握了脚本的编写技巧，那么根据编写的脚本制作的短视频就能够获得较为可观的播放量，优质短视频的播放量甚至可以达到 10W+。

短视频脚本的编写是一个系统工程，一个脚本从构思到完成整体构建，需要经过 4 个步骤，具体如下。

1. 前期准备

在编写脚本之前，短视频运营者还需要做好一些前期的准备，确定视频的整体内容。具体来说，编写脚本需要做好的前期准备工作有如下几项内容。

（1）拍摄的内容

每条短视频都应该要有明确的主题，以及为主题服务的内容。要明确短视频的内容，就需要在编写脚本时先将拍摄的内容确定下来，列入脚本中。

（2）拍摄的时间

有时候拍摄一条短视频涉及的人员可能比较多，此时就需要通过确定拍摄时间来确保短视频拍摄工作的正常进行。另外，有的短视频内容可能对拍摄的时间有一定的要求，这一类短视频的制作也需要在脚本编写时就将拍摄的时间确定下来。

（3）拍摄的地点

许多短视频对于拍摄地点有一定的要求，比如，是在室内拍摄，还是在室外拍摄？是在繁华的街道拍摄，还是在静谧的山林拍摄？这些因素都应该在编写短视频的脚本时确定下来。

（4）使用的背景音乐

背景音乐是短视频内容的重要组成部分，如果背景音乐用得好，甚至可以成为短视频内容的点睛之笔。因此，运营者在编写脚本时，就要将脚本确定下来，选用适合短视频的背景音乐。

2. 确定主题

确定主题是创作短视频脚本的第一步，也是关键性的一步。因为只有主题确定了，短视频运营者才能围绕主题策划脚本内容，并在此基础上将符合主题的重点内容有针对性地展示给核心目标群。

3. 构建框架

确定主题之后，接下来需要做的就是构建一个相对完整的脚本框架。例如，可以从什么人在什么时间、什么地点，做了什么事，造成了什么影响的角度，勾勒出短视频内容的大体框架。

4. 完善细节

内容框架构建完成后，短视频运营者还需要在脚本中对一些重点内容的细节进行完善，让整个脚本内容更加具体化。例如，从什么人的角度来说，短视频运营者在编写脚本的过程中，可以对短视频中将要出镜的人员的穿着、性格特征和特色化语言进行策划，让人物形象更加形象和立体化。

剧情策划：人物和场景的详细设定

剧情策划是编写脚本过程中需要重点把握的内容。在策划剧情的过程中，短视频运营者需要从两个方面做好详细的设定，即人物设定和场景设定。

1. 人物设定

人物设定的关键就在于通过人物的台词、情绪的变化和性格的塑造等来构建一个立体化的形象，让用户看完短视频之后，就对短视频中的相关人物留下深刻的印象。

除此之外，成功的人物设定，还能让短视频用户通过人物的表现、对人物面临的相关情况更加感同身受。

2. 场景设定

场景的设定不仅能够对短视频内容起到渲染作用，还能让短视频的画面更有美感，更能吸引用户的关注。具体来说，短视频运营者在编写脚本时，可以根据短视频主题的需求，对场景进行具体的设定。例如，短视频运营者要制作宣传厨具的短视频，便可以在编写脚本时，把场景设定在厨房中。

人物对话：撰写短视频旁白和台词

在短视频中，人物对话主要包括短视频的旁白和人物的台词。短视频中人物的对话，不仅能够对剧情起到推动作用，还能显示出人物的性格特征。例如，短视频要打造一个勤俭持家的人物形象，就可以在短视频中设计该人物在购买商品时讨价还价的对话。

因此，短视频运营者在编写脚本时需要对人物对话多一分重视，一定要结合人物的形象来设计对话。有时候为了让短视频用户对视频中的人物留下深刻的印象，短视频运营者甚至需要为人物设计特色的口头禅。

旁白和台词是脚本内容的重要组成部分。短视频运营者如何提高旁白和台词的写作能力？主要可以从以下 7 点技巧出发。

1. 台词念出来

耳朵对这些内容的灵敏度要比眼睛高得多，因此自己要把台词读出来，或者找人朗读。如果所写的台词长到要很长时间才能念完，或听上去有令人难以理解的内容，连你自己都不舒服，那就改吧。

2. 拒绝演讲稿

演讲稿模式的对白台词，会让短视频的故事节奏彻底被打乱，即使在放映成片时也会让看到的用户感到极其不自然，很容易出戏，没有人愿意看相声或者大篇幅的演讲报告。

3. 注意角色姓名

在正常的对话中，人们不会一次次地指明对方姓名，尤其是只有两个对话人的时候。除非因为特别的目的需要提到姓名（如说明、警告），否则姓名都应该被省略。

4. 注意台词词性

短视频运营者在创作脚本时最好不用副词，减少语气的提示用语（如愤怒地、高兴地、伤心地）。因为如果对话写得好，副词就是多余的，更别提这些词白白占了那么多的宝贵空间。

5. 别过分"接地气"

千万别过分追求"接地气"，要使用标准用语书写方言。很多新人认为，他们写家乡话是很潮流的事，但事实上大多会事倍功半。

6. 注意角色特点

将同一角色带有口音的对话都标出来，对每一个角色都应采用这个方法。长时间写作一个脚本，作者很容易忘记角色之前的口音，最后的结果就是只在短视频开头说着满口的家乡话。

7. 果断删减

删除不能推动剧情，不能揭示角色性格，也不能解决剧中矛盾的对话。尽管这种对话在生活中十分常见，但在撰写脚本时需要注意，如果这种对话没有什么实际意义，就不应该让它们出现在脚本中。

脚本分镜：短视频分镜头脚本策划

　　脚本分镜就是在编写脚本时将短视频内容分割为一个个具体的镜头，并针对具体的镜头策划内容。通常来说，脚本分镜主要包括分镜头的拍法（包括景别和运镜方式）、镜头的时长、镜头的画面内容、旁白和背景音乐等。

　　脚本分镜实际上就是将一条短视频的制作这个大项目，分为一个个具体可实行的小项目（即一个个分镜头）。因此，短视频运营者在策划分镜头内容时，不仅要将镜头内容具体化，还要考虑到分镜头拍摄的可操作性。

脚本模型：适合任何行业的万能模板

　　在创作短视频脚本时，掌握了剧情结构，就获得了打开任意门的万能钥匙，为你的创作自由开锁。下面笔者就给大家介绍创作短视频脚本的万能模板——利用三幕式结构来创作脚本。

1. 提出问题

　　一般的戏剧式结构，第一幕开端即提出问题，展现矛盾。类似"起承转合"中"起"的部分，介绍剧中的主要人物、故事的开端、确立故事主题和背景等元素，预留转折点，以及悬念，方便第二幕的展开。

　　设计短视频剧情，开头就要提出问题，展现矛盾，展现的方式要比传统影视剧更加直接、刺激。因为短视频节奏快，在开头 3 至 5 秒内就要吸引观众，否则观众就会划走。图 8-1 所示为开头快节奏吸引用户的短视频。

　　在这个《寻人启事》的短视频中，第 1 幕就是小女孩被一老人强行抱着放到车的后备厢的情节。小女孩哭得撕心裂肺，关上门的那一刻，画外音响起"这个世界上就没有我拐不走的孩子"。仅仅几秒就展现了冲突与矛盾，瞬时引爆剧情话题，一句台词就能让人体会到这条短视频对热点话题的灵敏捕捉。

图 8-1　开头快节奏吸引用户的短视频

那么，如何在开头 5 秒内展现矛盾和冲突？核心就是让观众喜欢的平静被突然打破，也就是"熟悉＋意外"的公式。"熟悉"的事件"和服场道"，能与受众迅速产生联系，建立心理默契。突然而至的"意外"，能打破受众的熟悉感，让故事能牢牢吸人眼球。

2. 解决问题

通常情况下，一分钟以内的剧情，主角要应对两项困难，让角色连续遇险才能刺激受众的多巴胺。

故事承接第 1 幕结尾的转折点进一步发展，此时风云突变，情节进入大转折。在此过程中的主要焦点是制造矛盾、对立及冲突，着重强调主角和自己内心的冲突与矛盾、主角和周围人的冲突与矛盾、主角和世界环境的冲突与矛盾。而在一系列矛盾与冲突中，故事将预留一个转折点，并进入最高潮的第 2 幕。这一部分相当于起承转合中"承＋转"的部分。

以《寻人启事》短视频为例，第 2 幕展现的是小女孩爸爸妈妈心急火燎地寻找自己的女儿，戏曲化地解释了小女孩被拐走的原因——妈妈守着小弟弟，对女儿不耐烦，导致小女孩独自一人玩耍，落单后让人贩子有机可乘。爸爸和妈妈想尽办法寻找被拐走的孩子，并且还接到了骗子的电话，如图 8-2 所示。

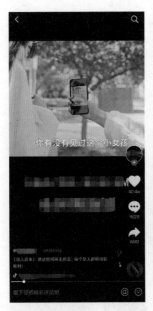

图 8-2　《寻人启事》短视频的高潮

这样的情节设计让短视频的内容更加真实、符合逻辑，让情节的发展逐渐走向高潮。在短视频里，让角色"遇到"困难的方法有很多，比如，职场女强人被父母逼迫相亲、爱美的女生脸部过敏无法化妆、职场小白不懂拒绝同事的要求、同学聚会时发现成绩最差的同学过得比自己优越。

大多困难发生的套路其实都是相似的，正如从古至今的英雄故事也都遵循同样的模式。对编剧而言，最主要的就是建立自己的素材库，可以称它为"恐怖清单"。顾名思义，主角害怕什么，就越要给主角安排什么。

具体而言，你可以依靠人物关系建立"恐怖清单"。亲戚、朋友、同学、同事、邻居和角色之间的爱恨情仇，能编织出无数条故事线。

此外，你也可用故事发生地来建立"恐怖清单"。客厅、卧室、办公室、商超、便利店、校区、学校，这些生活离不开的场景，能让故事的讲述更加"接地气"。

3. 满足期待

第 3 幕是高潮的结局。在这一幕中，剧情会承接上一幕的转折。结尾会有一场重大的转折或者重大冲突，将整个剧情推至最高潮。相当于"起承转合"中"合"的部分。

以《寻人启事》短视频为例，这条视频最终的结局是坏人被制服，小女孩得救。"在这个世界上，没有坏人能逃脱法律的制裁"这样的结局设定，在情理之中，符合着观众心中的期待，传播着正能量，如图 8-3 所示。

图 8-3 《寻人启事》短视频的结尾

受众在高潮处和结尾时获得良好体验后，满足感和期待感最佳。满足感就是积压的情绪在结局那一刻得到释放。"土味"正能量为什么总能吸引大量粉丝？就是因为利用了虽然开始主角被欺压，但最后扬眉吐气，让受众觉得很满足。

期待感是指开放性结局留下悬念引人思考。有时候，我们会考虑做系列剧情，那么每集视频结尾留下"尾巴"，就可引发受众对下期视频的期待。

7 个技巧：短视频脚本内容可以这么写

短视频运营者要想让自己的短视频吸引用户的目光，就要知道用户想的是什么，只有抓住用户的心理，才能增加短视频的浏览量。笔者总结了短视频用户的 7 种心理，帮助运营者通过满足用户的特定需求来提高短视频的吸引力。

1. 抓用户爱美心

做短视频运营，一定要对那些爆款产品时刻保持敏锐的嗅觉，及时地去研究、分析、总结它们成功背后的原因。不要一味地认为那些成功的人都是运气好，而要思考和总结他们是如何成功的。多积累成功的经验，站在"巨人的肩膀"上运营，你才能看得更高、更远，才更容易超越他们。

抓住用户爱美心是打造超高流量短视频的好方法。比如，在快手和抖音等短视频平台上，许多账号运营者都是通过展示美来取胜的。一般来说，用短视频展示美可以从帅哥美女颜值、萌人萌物展示、优秀才艺表现和美食美景分析出发。

（1）人物颜值

以抖音为例，抖音比较显著的特点就是帅哥美女特别多。在短视频推荐内容中随便一刷，基本上都可以看到漂亮的小姐姐和帅气的小哥哥。除了一些本身有知名度的明星占据抖音粉丝排行榜前列，大多粉丝量高的用户基本上颜值都很不错。

例如，某抖主因其靓丽的外貌和比较个性的甩臀舞而火遍短视频平台，10天时间抖音账号吸粉 500 万，21 天粉丝更是达到了 800 万，到 2020 年粉丝已经突破了 2500 万，如图 8-4 所示。

图 8-4　该抖音账号发布的短视频

由此不难看出，颜值是短视频营销的一大利器，只要人长得好看，即使没有过人的技能，唱唱歌、跳跳舞大多也能吸引一些粉丝，如果本身有一定的才艺，那么增粉速度就更快了。

高颜值的美女帅哥，比一般人更能吸引人们的目光，毕竟谁都喜欢看美的东西。很多人之所以刷短视频，其实并不是想通过短视频学习什么，而是借助抖音打发一下时间，在他们看来，欣赏帅哥、美女本来就是一种享受。

（2）萌娃展示

萌娃是深受快手和抖音用户喜爱的一个群体。萌娃本身看着就很可爱了，而且他们的一些行为举动也让人觉得非常有趣。所以与萌娃相关的短视频，很容易就能吸引许多短视频用户的目光，如图 8-5 所示。

图 8-5　与萌娃相关的短视频

不过短视频运营者需要注意的是，在短视频里晒萌娃的同时，需要注意对家庭住址、人物信息和私人电话等相关信息进行保护，以免不法分子利用其隐私信息对儿童进行拐卖。

（3）萌宠展示

许多人之所以养宠物，就是觉得宠物很萌。如果能把日常生活中宠物惹人怜爱、憨态可掬的一面通过视频展现出来，就能吸引许多喜欢萌宠的短视频用户前来围观。也正是因为如此，短视频平台上兴起了拍摄与萌宠内容相关的短视频的热潮。

例如，某萌宠短视频账号就以记录小猫生活中的趣事为主，因萌宠可爱有趣，让其粉丝数增长迅猛。图 8-6 所示为该萌宠短视频账号发布的短视频。

图 8-6　萌宠短视频账号发布的短视频

短视频平台中萌宠类运营者的数量不少，短视频运营者要想从中脱颖而出，得重点掌握一些短视频策划的技巧，具体分析如图 8-7 所示。

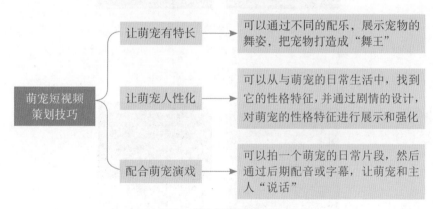

图 8-7　萌宠短视频策划技巧

（4）美食美景分享

关于"美"的话题，从古至今，有众多与之相关的成语，如形容美人的沉鱼落雁、闭月羞花、倾国倾城等，除了表示其漂亮外，还附加了一些漂亮所引发的效果在内。可见，颜值高，还是有着一定影响力的，有时甚至会起决定作用。

当然，这里的"美"并不仅仅是指人，还包括美食、美景等。短视频运营者可以通过在短视频中展示美食和美景，让短视频用户共同欣赏。

从美食方面来说，吃、穿、住、用、行为人的五大需求，而"吃"在这五大需求的首位，显而易见"吃"对人的重要性，所以美食对短视频用户也会有很大的吸引力。

短视频运营者可以通过美食自身的美，再加上高深的摄影技术，如精妙的画面布局、构图和特效等，打造一条高质量的短视频，如图 8-8 所示。

图 8-8　美食短视频

从美景方面来说，美景本身就有其优势，有它独特的自然景观或者风土人情，很多摄影爱好者也都喜欢抓拍美景，如图 8-9 所示。

图 8-9　美景短视频

短视频运营者可以把城市中每个具有代表性的风景、建筑和工艺品高度地提炼出来，配以特定的音乐、滤镜、特效和地址设置，打造这座城市的专属短视频，为城市宣传找到新的突破口。

短视频用户通过宣传城市的视频，能更加了解该城市的美景和文化。这让很多看过短视频的用户对这座城市产生兴趣，并且愿意亲自前往去体验。短视频的发展为许多城市带来了发展机遇，已经有城市开始借助短视频来打造属于自己的 IP。

（5）优秀才艺展现

才艺包含的范围很广，除了常见的唱歌、跳舞，还包括摄影、绘画、书法、演奏、相声、脱口秀等。只要在短视频中展示的才艺足够独特，并且能够快速让短视频用户觉得赏心悦目，那么，短视频很容易就能上热门，如图 8-10 所示。

图 8-10　短视频中优秀才艺的展现

才艺展示是塑造个人 IP 的一种重要方式。而 IP 的塑造，又可以吸引大量精准的粉丝，为 IP 的变现提供良好的前景。因此，许多拥有个人才艺的短视频运营者都会注重通过才艺的展示来打造个人 IP。

2. 感用户同理心

在这个车水马龙的社会，大部分人都在为了生活努力奋斗，漂泊在异乡，在生活中、工作中遇见的糟心事也无处诉说。渐渐地，很多人养成了从短视频中寻求关注与安慰的习惯。

短视频是一个能包含很多内容的一个载体，它有其自身的很多特点，比如，无需花费太多金钱，或者无须花费过多脑力，是一种几乎所有人都能享受的"平价物"。因为短视频里面所包含的情绪是大多数人都可能遇到的普遍情况，所以，短视频用户在遇到有心灵情感上的问题时，也更愿意去通过刷短视频来舒缓压力或者情绪。

现在很多点击量高的情感类短视频就抓住了短视频用户的这一心理，通过能够感动用户的内容来提高短视频的热度。许多短视频用户想要在短视频当中寻求一定的心灵抚慰，从而更好地投入到生活、学习或者工作中。

因此在策划短视频的时候，便可多用一些能够温暖人心、给人关注与关怀的内容。短视频运营者可以通过感动短视频用户，也就是对短视频用户进行心灵情感上的疏导或排解，从而达到短视频与短视频用户产生共鸣的效果。我们可以通过好人好事和优良品质两个方面内容来引导用户的同理心。

（1）好人好事

好人好事包含的范围很广，它既可以是见义勇为，为他人伸张正义；也可以是拾金不昧，主动将财物交还给失主；还可以是看望孤寡老人，慰问环卫工人。图8-11所示就是通过短视频展示好人好事的。

图8-11 好人好事的短视频

用户对某件事或某个人很感动，往往是通过这件事或在这个人身上看到了世界上美好的一面，或者是看到了自己的影子。人的情绪很复杂，喜、怒、哀、乐等这些情绪是人最基本，也是最容易被调动的情绪。

生活中处处充满美好，缺少的只是发现美好的眼睛，用心记录生活，生活也会时时回馈给你惊喜。有时候短视频运营者可以仔细地观察这个世界，会发现一些平时不曾发现的东西。

当用户看见那些传递温暖、含有关怀意味的短视频时，自身也会产生一种被温暖、被照顾、被关心的感觉，会从那些做好人好事的人身上看到善意，感觉到这个社会的温度，所以这种短视频很容易触及用户柔软的内心。

大部分人都是感性的、容易被情感所左右的。这种感性不仅体现在真实的生活中，还体现在他们在看短视频时也会倾注自己的感情。这也是很多人在看见有趣的短视频时会捧腹大笑，看见感人的短视频时心生怜悯而落下泪水，看见宣扬优良品质的短视频时会想要成为这样优秀的人。

（2）优良品质

优良品质的类型有很多，例如，拼搏精神。当用户看到短视频中那些努力拼搏的身影时，会感受到满满的"正能量"，这会让用户在深受感染之余，从内心产生一种认同感。图 8-12 所示为展示优良品质的短视频。

图 8-12　展示优良品质的短视频

策划一条成功的短视频，需要做到满足用户的同理心需求，打动用户，引起用户的共鸣。要想让短视频激发短视频用户的同理心，要精心选择那些容易打动短视频用户的话题或者内容。

只要策划短视频时是从人的内心情感或者从内心情绪出发的，那么制作出的短视频就很容易调动用户的同理心，从而激发短视频用户查看短视频的兴趣。

3. 排用户消遣心

如今，大部分人闲暇时都会掏出自己的手机，刷刷短视频、逛逛淘宝，或者浏览微信朋友圈，以满足自己的消遣心理。很多人打开短视频平台上各种各样的短视频，都是出于消磨闲暇时光、给自己找点娱乐的目的。

那些以传播搞笑、幽默内容为目的的短视频比较容易满足短视频用户的消遣心理需求，所以那些笑点十足的短视频很容易就能得到大量短视频用户的点赞。图 8-13 所示为幽默搞笑型短视频。

图 8-13　幽默搞笑型短视频

该短视频内容以老师查宿舍前后为对比，以夸张的形式把日常住宿的小事放大，起到了很好的喜剧效果。人们在繁杂的工作或者是琐碎的生活当中，需要找到一点能够放松自己和调节自己情绪的东西，这时候就需要找一些所谓的"消遣"了。

那些能够使人们从生活和工作中暂时跳脱出来的、娱乐搞笑的短视频，大都可以让人们会心一笑，使人们的心情变得愉快起来。

4. 找用户关注心

很多短视频用户发布的内容都是原创的，制作也花了不少心思，但是却得不到系统的推荐，点赞和评论都很少，这是为什么呢？其实，一条短视频想要在短视频平台上火起来，除"天时、地利、人和"以外，还有两个重要的"秘籍"，一是要有足够吸引人的全新创意，二是内容的丰富性。

要做到这两点，最简单的方法就是紧抓热点话题，丰富自己的短视频，发展更多的新创意、新玩法。具体来说，人们总是会对跟自己有关的事情多上心，对关系到自己利益的消息多注意，这是很正常的一种行为。满足短视频用户的关注心理需求其实就是指满足短视频用户关注与自己相关事情的行为。

如果每次借用短视频用户的关注心理需求来引起他们的兴趣，可实际却没有满足他们的需求，那么时间长了，短视频用户就会对这种短视频免疫。久而久之，短视频用户不仅不会再看类似的短视频，甚至还会引起用户的反感心理，拉黑或者投诉此类内容。图 8-14 所示为满足用户关注心理需求的短视频示例。

图 8-14　满足用户关注心理需求的短视频

从上面这些案例当中可以很清楚地看到，凡是涉及用户自身利益的事情，用户就会很在意，这也是这类短视频在吸引用户关注上屡试不爽的原因。

短视频运营者在制作短视频的时候可以抓住人们的这一需求，通过打造与用户相关的短视频内容，来吸引用户的关注。但需要注意的是，如果想要通过这种方式吸引用户，那么短视频中的内容就要是真正与用户的实际利益有关的，不能一点实际价值都没有。

5. 念用户怀旧心

随着"80 后""90 后"逐渐成为社会栋梁，这一批人也开始产生了怀旧情结，对于以往的岁月都会去追忆一下。即使是童年的一个玩具娃娃、吃过的食品，只要看见了都会忍不住感叹一下，发出"仿佛看到了自己的过去"的感言。

人们普遍喜欢怀旧是有原因的。小时候无忧无虑、天真快乐，而长大之后就会面临各种各样的问题，也要面对许许多多复杂的人。每当人们遇到一些糟心的事情的时候，就会想起小时候的简单纯粹。

人们喜欢怀旧还有另外一个原因，那就是怀念那段逝去的美好时光。所谓"时光一去不复返"，对于已经过去了的时光，人们都显得格外想念，所以也就开始怀旧了。几乎所有的人怀旧的对象都是自己的小时候，小时候的朋友、亲人、吃喝玩乐等，这一系列都很想念，这也就导致了"怀旧风"的袭来。

很多短视频运营者也看到了这一方面的"大势所趋"，制作了许多"怀旧"的短视频。不管是对短视频运营者，还是对广大的短视频用户来说，这些怀旧的短视频都是一个很好的追忆过去的媒介。

能满足用户怀旧心理需求的短视频，通常都会展示一些关于童年的回忆，比如，展示童年看过的动画片，以及一些比较特别的回忆，如图 8-15 所示。

图 8-15　满足用户追忆心理的短视频

图 8-15 所示就是能满足用户追忆心理的短视频，其内容使用过去的事或物来引发用户内心"过去的回忆"。越是在怀旧的时候，人们越想要看看过去的事物，短视频运营者就是抓住了用户的这一心理，进而吸引用户查看短视频内容。

对于那些追忆过往的短视频人们总是会禁不住想要打开去看一眼，看看能不能找到自己童年的影子。所以短视频运营者可以制作一些能引起人们追忆往昔情怀的短视频，满足用户的怀旧心理需求。

6.挖用户猎奇心

一般说来，大部分人对那些未知的、刺激的东西都有一种想要去探索、了解的欲望，所以短视频运营者在制作短视频的时候，就可以抓住短视频用户的这一特点。让短视频充满神秘感，满足短视频用户的猎奇心理，这样就能够获得更多短视频用户的关注。

关注的人越多，短视频被转发的次数就会越多。猎奇心促使短视频用户想了解自己不知道的事情，创作短视频可以从用户在日常生活中没见过或没听说过的新奇事物的方向来进行。当短视频用户碰到这样的短视频后，会对这个短视频产生查看具体内容的欲望和想法。例如，抖音平台比较火的视频"身边的同事都是百万粉丝网红是什么感觉""你们遇到过某类人吗"，如图 8-16 所示。

图 8-16　带用户了解事情真相的短视频

这种能满足短视频用户猎奇心的短视频通常都带有一点神秘感，让人觉得看了短视频之后就可以了解事情的真相。除此之外，短视频中那些具有奇思妙想的内容也能满足短视频用户的猎奇心。

例如，一名擅长食物雕花工艺的短视频运营者，拍摄了展示苹果雕刻的短视频，当短视频用户看到这条短视频后，会因其独特的创意而纷纷点赞。图 8-17 所示为展示苹果创意雕刻的短视频。

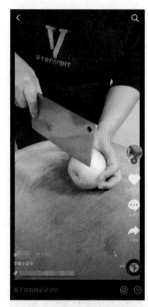

图 8-17　展示苹果创意雕刻的短视频

像这样具有猎奇性的短视频其实并不一定本身就很稀奇，而是在短视频制作的时候，抓住用户喜欢的视角或者用户好奇心比较大的视角来展开。在短视频里设下悬念来满足用户的猎奇心理，引起用户的注意和兴趣。

这些短视频都体现出短视频运营者的创意，让用户看完之后感觉到奇妙，甚至是神奇。短视频运营者可以结合自身优势，打造出创意视频。

7. 教用户学习心

短视频用户平时在刷短视频的时候，还有一部分人并不是没有目的性的，他们在刷短视频的时候往往希望通过浏览这些内容来学到一些有价值的东西，扩充自己的知识，增加自己的特长和技能。

所以，短视频运营者在制作短视频的时候，就可以将这一因素考虑进去，让自己的短视频给用户一种能够满足学习心理需求的感觉。

例如，商业音乐短视频运营者主要是对好听的音乐进行推广，商业摄影短视频运营者主要对摄影技巧和后期修图进行普及。图 8-18 所示为商业短视频运营者抖音账号的主页。

图 8-18　商业短视频运营者抖音账号的主页

因为音乐和摄影都有广泛的受众，而且这类短视频运营者分享的内容对用户来说也比较有价值，因此这两个短视频账号发布的短视频都能得到不少用户的支持。

除此之外，短视频用户看到自己没有掌握的技能时，也想要通过短视频学会该技能。技能包含的范围比较广，既包括各种绝活，又包括一些小技巧。图 8-19 所示为通过短视频展示种植水果的技巧。

图 8-19　通过短视频传授技能吸引用户关注

很多技能都是长期训练的产物，普通短视频用户可能不能轻松地掌握。其实，除了难以掌握的技能，短视频运营者也可以在视频中展示一些短视频用户学得会、用得着的技能。

如果短视频用户觉得视频中的技能在日常生活中用得上，就会进行收藏，甚至将视频转发给自己的亲戚朋友。因此，只要在短视频中展示的技能在短视频用户看来是实用的，那么播放量通常会比较高。

4 个雷区：短视频脚本编写的注意事项

不少短视频运营者在创作短视频时，往往因为没有把握住文案编写的重点而以失败告终。想要撰写出好的短视频文案并非易事，它对短视频运营者的专业知识和文笔功夫有着很高的要求。

下面针对短视频运营者的常见失败事项，来盘点在编写短视频文案的过程中需要注意的 4 个雷区。

1. 创作质量较低

短视频相对其他营销方式而言成本较低，成功的短视频具有一定的持久性。一般短视频成功发布后就会始终存在，除非发布该短视频的那个网站倒闭了。当然，始终有效并不是马上见效，于是有的短视频运营者一天会发布好几条短视频。

事实上，短视频营销并不是靠数量就能取胜的，更重要的还是质量一条高质量的短视频文案胜过十几条一般的短视频。然而，事实却是许多短视频运营者为了保证推送的频率，宁可发一些质量相对较差的视频。而这种不够用心的短视频推送策略，导致的后果往往就是内容发布之后却没有多少人看。

如果短视频运营者将视频内容的推送仅仅作为一项自己要完成的任务，只是想着要按时完成，而不注重内容是否可以吸引目标用户，甚至有的短视频运营者会将完全相同的短视频进行多次发布，那么短视频质量往往没有保障，并且点击量等数据也会比较低，如图 8-20 所示。

除此之外，还有部分短视频运营者在编写短视频文案时，喜欢兜圈子，可以用一句话表达的意思非要反复强调，不仅降低了短视频的阅览性，还可能会令观看的短视频用户对此嗤之以鼻。

图 8-20　点击量等数据偏低的短视频

编写短视频文案的目的是推广内容，因此每条短视频的文案都应当有明确的主题和焦点，并且围绕该主题和焦点进行创作。短视频运营者不能为了账号的更新数量，而降低了更新的质量。

2. 脱离市场环境

对于品牌方的官方短视频，其文案多是关于企业产品或品牌的内容，这些产品或品牌处于具体的市场环境中，其所针对的目标也是处于市场环境中具有特色的消费者。因此，不了解具体的产品、市场和消费者的短视频内容，必然是不受欢迎的。

所以，在编写和发布投稿短视频时，必须进行市场调研，了解产品情况，才能写出切合实际、能获得消费者认可的短视频文案。在创作短视频文案的过程中，应该充分了解产品，具体分析如图 8-21 所示。

充分了解产品
- 做好市场定位分析，把握市场需求情况
- 了解目标消费者对产品最关注的是什么
- 了解该产品竞争对手的具体策略及其做法

图 8-21　充分了解产品的相关分析

从消费者方面来说，应该迎合消费者的各种需求，关注消费者的感受。营销定位大师杰克·特劳特（Jack Trout）曾说过："消费者的心是营销的终极战场。"

那么文案也要研究消费者的心理需求，要从这里出发，具体内容如下。

（1）价值感

一个人如果能从某个方面得到价值感的满足，往往愿意为其掏腰包。我们可以将短视频内容与实现个人的价值感结合起来，由此打动客户。

比如，销售豆浆机的短视频文案可以这样描述："当孩子们吃早餐的时候，他们多么渴望不再去街头买豆浆，而喝上刚刚榨出来的纯正豆浆啊！当妈妈将热气腾腾的豆浆端上来的时候，看着手舞足蹈的孩子，哪个妈妈会不开心呢？"一种做妈妈的价值感油然而生，会激发为人父母的消费者的购买欲望。

（2）安全感

人大多是趋利避害的，内心的安全感是最基本的心理需求，把产品的功用和安全感结合起来，是说服客户的有效方式。

比如，新型电饭煲的短视频文案可以这样说："这种电饭煲在电压不正常的情况下能够自动断电，可以有效防范用电安全问题。"这一卖点的提出，对于关心电器安全的家庭主妇一定是个攻心点。

（3）支配感

"我的地盘我做主"，每个人都希望表现出自己的支配权。支配感不仅是对自己生活的一种掌控，也是源于对生活的自信，更是短视频文案要考虑的出发点。

比如，信用卡的短视频文案可以这样说："生活不止工作的辛苦，还有诗与远方，快来拿起信用卡，来场说走就走的旅行吧，而且预订飞机票享受优惠哦。"通过对上班族想减轻压力，实现自己的权利进行了重点提醒，激起用户办理欲望。

（4）归属感

归属感实际就是标签——你是哪类人。无论是成功人士、时尚青年，还是小资派、非主流，每个标签下的人都有一定的生活方式，他们使用的商品、他们的消费都表现出一定的亚文化特征。

比如，针对追求时尚的青年，销售汽车的短视频文案可以写："这款车时尚、动感、改装方便，是玩车一族的首选。"对于成功人士或追求成功的人士可以这样写："这款车稳重、大方，开车出去见客户、谈合作比较得体、有面子。"

3. 进行虚假宣传

随着互联网技术的发展，网络上每天更新的信息量是十分惊人的。"信息爆炸"的说法就来源于信息的增长速度，庞大的原始信息量和网络更新的信息量通过新闻、娱乐和广告等传播媒介作用于每一个人。

对于短视频文案创作者而言，要想让文案被大众认可，能够在庞大的信息中脱颖而出，那么首先需要做到的就是准确性和规范性。在实际的应用中，准确性和规范性是对任何文案写作的基本要求，具体的内容分析如图 8-22 所示。

```
                    ┌─────────────────────────────────────────
                    │ 文案中的表达应该是较规范和完整的，主要是为了
                    │ 避免语法错误或表达残缺
                    ├─────────────────────────────────────────
                    │ 避免使用产生歧义或误解的词语，保证文案中所使
  准确、规范的        │ 用的文字准确无误
  文案写作要求        ├─────────────────────────────────────────
                    │ 不能创造虚假的词汇，文字表达要符合大众语言习
                    │ 惯，切忌生搬硬套
                    ├─────────────────────────────────────────
                    │ 以通俗化、大众化的词语为主，但是内容却不能是
                    │ 低俗和负面的
                    └─────────────────────────────────────────
```

图 8-22　准确、规范的文案写作要求

之所以要准确、规范地进行文案的写作，主要就是因为准确和规范的文案信息更能够被用户理解，从而促进短视频文案的有效传播，节省产品的相关资金投入和人力资源投入等，创造更好的效益。

4. 文案书写错误

众所周知，报纸杂志在出版之前，都要经过严格审核，保证文章的正确性和逻辑性，尤其是涉及重大事件或者国家领导人，一旦出错就需要追回重印，损失巨大。短视频文案常见的书写错误包括文字、数字、标点符号及逻辑错误等，文案撰写者必须严格校对，防止校对风险的出现。

（1）文字错误

短视频文案中常见的文字错误为错别字，例如一些名称错误，包括企业名称、人名、商品名称、商标名称等。对于短视频文案尤其是短视频广告文案来说，错别字可能会影响短视频的质量，导致短视频内容传达有误。

（2）数字错误

短视频数字错误较为常见的是数字单位丢失，例如，某短视频文案里出现"中国人民银行 2020 年第一季度社会融资规模增量累计为 5.58 亿元"。

一般来说，一个大型企业每年的信贷量都在几十亿元以上，整个国家的货币供应量难道只有"5.58 亿元"？所以，根据推测应该是丢失了"万"字，应为"5.58 万亿元"，这种数字单位的丢失会让数据过于离谱。

（3）标点错误

无论是哪种类型的短视频文案，标点符号错误也是应该要尽力避免的。虽然标点错误看起来问题不大，但是仍然会给用户一种不严谨的感受。在文案创作中，常见的标点错误包括以下几种。

一是引号使用错误。这是在标点符号的使用中错得最多的。不少短视频运营者对单位、机关、组织的名称，产品名称、牌号名称都用了引号。其实，只要不会引发歧义，名称一般都不用加引号。

二是书名号使用错误。证件名称、会议名称（包括展览会）不使用书名号。但有的短视频运营者把短视频文案中所有的证件名称，不论名称长短都加上了书名号，这是不合规范的。

三是分号和问号使用错误。这也是在标点符号的使用中错得比较多的，例如，简单句之间用了分号；两个半句可以合在一起构成一个完整的句子，但中间也用了分号；有的句子已经很完整，与下面的句子并无并列关系，该用句号，却使用了分号，这也是不对的。

（4）逻辑错误

所谓逻辑错误，是指短视频文案的主题不明确，逻辑关系不清晰，存在语意与观点相互矛盾的情况。

第 9 章

剧本策划：
9 个技巧打造千万级播放量

    剧本是服务于实际拍摄的，只能根据实际拍摄情况，如演员、场景、道具等条件进行创作，而且还要符合短视频账号的定位。好的剧本策划，会给短视频带来巨大的流量。本章将介绍 9 个剧本策划技巧，带领大家打造千万级播放量的短视频。

剧本范例：15 秒短视频包含很多信息

下面先分享一个短视频剧本，短视频时长仅几十秒，却包含了很多信息。

【案例展示】

母子日常

儿子：妈，长大了我给你买辆法拉利啊！

妈：有人生目标，好！

儿子：那你的人生目标是啥啊？

妈：明早上班的时候，能快点挤上公交车，有座！

儿子：你这是啥目标啊？

妈：你不懂，我这是被生活磨平了棱角，你还太年轻，你懂啥？

儿子：这有啥不懂的！就是你让岁月给盘了呗！

妈：你一天天给我嘚瑟，也就是我脾气好，你换个妈试试，一天打你八遍！

儿子：妈你说得太对了，脸大的人，一般脾气都好！因为翻脸太费劲了！

妈：……

儿子：妈，你咋不说话了，我跟你开玩笑呢！

妈：沉默是金，别跟我说话，攒钱呢！

儿子：……

就是这样一段母子间对话的短视频收获 100 多万的点赞量，并且一直在抖音上保持超高热度。其实整条短视频就是一个简单的画面贯穿始终，唯一出彩的地方就是短视频的剧本。

那么，像这样经典的抖音短视频剧本怎么写呢？其实爆款剧本的写作一般都有一个基本的公式，只要套用得好就有 80% 的爆火概率，具体分析如图 9-1 所示。

图 9-1　短视频剧本 3 步公式

这个公式很容易理解，就是当用户刷到你的短视频时，你需要立刻在5秒之内抓住他的注意力，然后在第7秒的时候来个"反转"，最后3秒结束的时候，一定要引发互动涨粉，根据这个公式创作的剧本文案，可以打90分以上了。

TIPS 057 剧本思路：9大要点找准观众满足点

在创作15秒的短视频剧情前，我们一定要先给短视频定调，也就是确定剧本思路。到底创作的短视频是想展现一个感人的爱情故事，还是记录某个人业余生活的一天？只有剧情思路清晰了，才能围绕它展开拍摄。下面笔者介绍创作剧本的9大思路要点，如图9-2所示。

信息	→ 有价的知识、有用的技巧、有用的资讯
观点	→ 观点评论、生活感悟、人生哲理、科学真知
共鸣	→ 价值共鸣、美共鸣、身份共鸣、观念共鸣、经历共鸣
冲突	→ 角色身份冲突、价值观念冲突、常识认知冲突、剧情反转冲突
利益	→ 个人利益、国家利益、群体利益、地域利益
欲望	→ 收藏欲、分享欲、食欲、爱情欲
好奇	→ 为什么、好神奇、是什么、怎么做、在哪里
幻想	→ 爱情幻想、生活憧憬、别人家的、移情效应
感官	→ 听觉的刺激、视觉的刺激

图9-2 创作剧本的9大思路

剧本台词：设计精彩有趣的对白剧本

笔者很喜欢看情景喜剧，比如《武林外传》《老友记》《六人行》《生活大爆炸》《我爱我家》《编辑部故事》《废柴联盟》等，这些喜剧中的笑点非常多，台词也很精妙，完全不是一般人能想得出来的。

很多短视频运营者在创作之前，觉得剧本创作过程和在网上编段子类似，但是仔细分析又觉得这些优秀剧集的台词背后都有极其深厚的语言和文化功底，绝对不是普通的段子手能比的。下面分享一个抖音上台词非常优秀的短剧本。

【案例展示】

孟　婆

【场景1】出租车内（夜）（内）

特写、长镜头

等出租车停，孟婆的脚步走上了出租车，关门。

特写

后视镜上，司机往镜头看了一眼（询问）："姑娘，到哪？"

特写

孟婆的嘴唇："师傅，这么晚了还不回家？"

近景

司机（沉思）："最后一单，送完你就回家喽。"

近景

孟婆淡然地看向窗外（询问）："这么急吗？"

近景

司机（点头）："今天是女儿生日，老婆让我早点回家。"

近景

孟婆缓缓地回过头，露出冰冷的眼神（沉声）："那你怎么忍心一直闭着眼睛？"

近景

司机（一愣）："……"

特写

司机的下眼睑微微颤抖。

【场景2】孟婆房间（夜）（内）

拉、特写拉至中景

镜头从眼睑镜头拉远至中景，周边环境已经不是车内，而是孟婆的房间。

司机环顾四周（迷茫）。

近景

孟婆在他面前（质问）："你这一趟车开了九年，终于醒了？"

近景

司机（震惊）："？"

闪回、近景

司机回忆中接电话："老公，闺女生日，早点回来哦。"

司机（点头）："好！最后一单，我马上回来！"

近景

前面远光灯打到司机脸上。

深景

夜路，正面一辆车打着远光灯过来，将屏幕照白。

全景

撞车，司机（震惊）……

【场景3】医院（夜）（内）

中景

司机车祸后进医院。

医生的声音："他恐怕不会再醒来，但还需要观察。"

女孩抱着母亲，母亲在病床边哭泣。

闪回、近景

孟婆起身离开："你来错地方了，回家吧，她们等你好久了。"

司机看着孟婆的背影，点头（迷茫）："嗯……"

淡入

女儿回头（惊讶）："妈！妈！爸爸醒了！"

近景

司机躺在床上，迷茫地看着天花板，渐渐流泪："这……"

【场景4】孟婆房间（日）（内）

 近景

 孟婆正在发呆时，被画外音叫醒。

 画外音："孟婆，你私自插手凡间因果，该当何罪？"

 近景

 孟婆："我乐意。"

 近景

 画外音："那实习期增加一百年。"

 孟婆："……"

　　台词是构成剧本的基石，不可或缺。没有台词，就没有剧本和人物的冲突，更没有剧情的发生、发展、高潮和结局。剧中的人物角色，必须通过台词才能更好地展现各自的身份、地位、性格、特点等。

　　由此可见，台词在剧本中的重要性，事实上，台词的写作与安排，确实是剧本的重要组成部分。

剧本格式：3 种常用短视频剧本格式

　　短视频剧本大致可以分为拍摄大纲剧本、分镜头剧本、文学剧本这 3 大类型，每种类型各有优缺点，其适用的短视频类型也不尽相同。

　　短视频运营者在编写剧本的过程中，只需根据自身情况，选择相对合适的剧本类型来编写剧本即可。下面将对短视频剧本的 3 大类型进行简单的分析。

1. 拍摄大纲剧本

　　拍摄大纲剧本就是将需要拍摄的要点一一列出，并据此编写一个简单的剧本。这种剧本的优势就在于，能够让短视频拍摄者更好地把握拍摄的要点，让短视频的拍摄具有较强的针对性。

　　通常来说，拍摄大纲类剧本比较适用于带有不确定性因素的新闻纪录片类短视频，以及场景难以预先进行分镜头处理的故事片类短视频。

　　如果短视频运营者需要拍摄的短视频内容没有太多的不确定性因素，那么这种剧本类型就不太适用了。

2. 分镜头剧本

分镜头剧本就是将一个短视频分为若干个具体的镜头，并针对每个镜头分别安排内容的一种剧本类型。这种剧本的编写比较细致，它要求对每个镜头的具体内容进行规划，包括镜头的时长、景别、画面内容和音效等。

通常来说，分镜头剧本比较适用于内容可以确定的短视频，如故事性较强的短视频。而内容具有不确定性的短视频，则不适合使用这种剧本类型，因为在内容不确定的情况下，分镜头的具体内容也是无法确定下来的。

3. 文学剧本

文学剧本就是将小说或各种小故事进行改编，并以镜头语言的方式来进行呈现的一种剧本形式。与一般的剧本不同，文学剧本并不会具体指明演出者的台词，而是将短视频中人物需要完成的任务安排下去。

通常来说，文学剧本比较适用于拍摄改编自小说或小故事的短视频，以及拍摄思路可以控制的短视频。也正是因为拍摄思路得到了控制，所以按照这种剧本拍摄短视频的效率也比较高。

当然，如果拍摄的内容具有太多的不确定性，拍摄的思路无法控制，那么就不适合使用这种剧本了。

专业术语：了解剧本文案名词的含义

剧本文案，尤其是分镜头剧本，常常包含大量的名词专业术语，下面将对在剧本文案中常出现的文案进行讲解。

1. 剧本大纲词汇

分镜剧本相关概念如下。

镜号：每个镜头拍摄顺序的编号。

景别：一般分为全景、中景、近景、特写和显微等。

镜头的运用：推、拉、摇、移、跟等。

镜头的组合：淡出淡入、切换、叠化等。

画面：详细写出画面里场景的内容和变化，以及简单的构图等。

旁白：画外音。

音响：它用来创造画面使人身临其境的真实感，如现场的环境声、雷声、雨声、动物的叫声等。

长度：每个镜头的拍摄时间，以秒为单位。

2.分镜头详解

极远景：极端遥远的镜头景观，人物小如蚂蚁。

远景：深远的镜头景观，人物在画面中只占很小的位置。

大全景：包含整个拍摄主体及周遭大环境的画面，通常用于影视作品的环境介绍，因此被叫作最广的镜头。

全景：摄取人物全身或较小场景全貌的影视画面，相当于话剧、歌舞剧场"舞台框"内的景观。在全景中可以看清人物的动作和所处的环境。

小全景：演员"顶天立地"，处于比全景小得多，又保持相对完整的规格。

中景：俗称"七分像"，指摄取人物小腿以上部分的镜头，或拍摄与此相当场景的镜头，是表演性场面的常用景别。

半身景：俗称"半身像"，指从腰部到头的景致，也称为"中近景"。

近景：指摄取胸部以上的影视画面，有时也用于表现景物的某一局部。

特写：指摄影、摄像机在很近的距离内摄取对象。通常以人体肩部以上的头像为取景参照，突出强调人体的某个局部，或相应的物件细节、景物细节等。

大特写：又称"细部特写"，指突出头像的局部，或身体、物体的某一细部，如眉毛、眼睛、枪栓、扳机等。

3.拍摄方式

推：即推拍、推镜头，指被摄体不动，由拍摄机器做向前的运动进行拍摄，取景范围由大变小。

拉：被摄体不动，由拍摄机器做向后的拉摄运动，取景范围由小变大。

摇：指摄影、摄像机位置不动，机身依托于三脚架上的底盘做上下、左右、旋转等运动，使观众如同站在原地环顾、打量周围的人或事物。

移：又称移动拍摄。在通常意义上，移动拍摄专指把摄影机、摄像机安放在运载工具上，沿水平面在移动中拍摄对象。

跟：指跟踪拍摄。跟拍的手法灵活多样，它使观众的眼睛始终盯牢被跟摄人体、物体。

升：上升摄影、摄像。

降：下降摄影、摄像。

俯：俯拍，常用于宏观地展现环境、场合的整体面貌。

仰：仰拍，常带有高大、庄严的意味。

甩：甩镜头，也即扫摇镜头，指从一个被摄体甩向另一个被摄体，表现急剧的变化，作为场景变换的手段时不露剪辑的痕迹。

悬：悬空拍摄，有时还包括空中拍摄。它有广阔的表现力。

空：亦称空镜头、景物镜头，指没有剧中角色（不管是人还是相关动物）的纯景物镜头。

切：转换镜头的统称。任何一个镜头的剪接，都是一次"切"。

反打：指摄影机、摄像机在拍摄二人场景时的异向拍摄。例如，拍摄男女二人对坐交谈，先从一边拍男，再从另一边拍女（近景、特写、半身均可），最后交叉剪辑构成一个完整的片段。

黄金开场：利用追求心理和规避心理

经常使用短视频平台观看视频的用户应该会发现，首页的内容是按照个人的使用习惯和观看兴趣而进行推荐的。所以，短视频用户总能在短视频平台首页刷上好一会儿，从中寻找自己喜欢的内容，如图 9-3 所示。

图 9-3　部分短视频平台首页

首页推荐功能，用户使用起来非常方便，只要在屏幕上往下滑，就能切换短视频。短视频运营者最悲伤的，莫过于短视频用户在主页刷到自己的短视频以后，却瞟一眼就继续往下滑了。再好的故事，再精良的制作也抵不过短视频用户直接往下滑。

虽然短视频本就时间不长，但真正决定生死的是开头那 5 秒、3 秒甚至 1 秒。短视频要有"黄金开场"，也就是说，开始的 5 秒要马上勾起短视频用户看下去的兴趣。

在讲故事时，令人好奇的、令人困惑的、令人担忧恐惧的、颠覆常识的、留有悬念的、令人急切的天生就是吸引读者的利器。打开短视频的用户会好奇："然后呢？"自然而然就往下看下去，然后在一个又一个转折下，全部看完。

晚进早出：营造良好的悬念和吸引力

什么是"晚进早出"？"晚进早出"是剧作的经典原则，就是说，每场戏要在恰当的时机开始、结束，是编剧避免拖沓烦冗的基本素养。

大家都知道，现在的短视频一般最多也就是 1 分钟，时间非常珍贵，掌握好了"晚进早出"，无疑可以做到更好。那么，在创作短视频剧本时为什么要"晚进早出"？因为短视频精准地切入和截断，可以营造出良好的悬念和吸引力，使得观众的思绪始终处于一个"接近获得"的状态。

【案例展示】

《爱的离别》修改前

人物：张宁、蒋毅金、张新盛、戴正武

仍然忽略格式，忽略冗长。

【第一幕】

医院走廊（日）（内）

张宁焦急地边来回走边打电话发信息，没有回音，她急得微微顿足，再次拨打。这一次，电话接通了。

蒋毅金："我现在忙着呢，就这样。"

张宁："你什么时候……"

话还没说完，电话挂断了。

张宁再拨过去。

画外音："您所拨打的用户已关机。"

【第二幕】

医院病房（日）（内）

躺在病床上的张新盛眼巴巴地看着张宁。

张新盛："你哥呢？"

张宁（支支吾吾）："哦，他……他有事在忙。"

画面转黑。

【第三幕】

医院病房（日）（内）

张新盛半靠在床上吸氧。

张新盛（呼吸很困难，有气无力）："你哥呢？"

张宁正坐在床边看手机，急忙把手机装进裤子口袋，眼睛不敢看张新盛。

张宁："爸，他在忙，有我陪你就行了。"

张新盛皱着眉头，一边吸氧一边疑惑地看着张宁。

（画面闪回）

张宁在床边坐着看手机，蒋毅金的微信朋友圈晒出他跟朋友一起出去吃饭的照片（特写）。

【第四幕】

张宁家门口（日）（外）

张宁开门，蒋毅金拎着旅行包正要出门，张宁一把拉住蒋毅金。

张宁："你去哪？"

蒋毅金甩开张宁就走，张宁紧追。

张宁（愤怒质问）："蒋毅金，你说话呀，你要去哪里？为什么不去医院，你说话啊！"

蒋毅金终于停下脚步，淡漠地看了她一眼。

蒋毅金："你爸的病是无底洞，卖了房能支持多久？我的人生刚开始，我不想陪你们一起死！"

张宁怒视蒋毅金。

张宁："你……你居然说这种话！如果不是我爸养大你，你早……"

蒋毅金："够了！既然养不起我，就不要妨碍我。"

蒋毅金说完，转身头也不回地走了。

【第五幕】

医院走廊（日）（内）

张宁在医院走廊里打电话，发信息。

画面一个一个地切换——打电话，发信息。

张宁（对着手机屏幕）："蒋毅金，我爸很想你，你快来医院。"

张宁（对着手机，带着哭腔）："我爸现在要进手术室了，求求你，来看看他。"

张宁（对着手机屏幕，愤怒的语气）："你有时间出去玩，没时间来看看我爸？"

张宁（对着手机，哀求）："我可以出钱，你就当来演场戏好不好？"

手机屏幕特写，前面全部是张宁发给蒋毅金的语音信息，最后一句是蒋毅金的回复："你们家的事，我没有兴趣。"

【第六幕】

张宁家（日）（内）

字幕：半年后。

（张新盛梦境，黑白色）

病房里。

陈父躺在病床上，拉住张新盛的手。

陈父："老叶，我走了之后，小海就托付给你了。"

张新盛："以后小海就是我亲儿子！"

陈父感动得说不出话，一直点头。

特写，两人的手握在一起。

（张新盛梦境结束。）

张新盛惊醒。

张新盛："老陈！"

张宁："爸，你怎么了？"

张新盛："我梦到你陈伯伯了。对了，你哥什么时候回来？"

张宁爆发。

张宁："爸，你能不能不要提这个人了，他根本没去外地，现在过得不知道有多好，早就不记得你了！"

张新盛诧异。

张宁拿出手机给张新盛看蒋毅金的朋友圈，满满的都是各种生活很快乐的内容。

张新盛沉默一阵，转头看着张宁。

张新盛："我答应老陈要照顾好蒋毅金。我现在没事了，去找蒋毅金回来吧，我们一家人整整齐齐，过去的不要再计较。"

张宁（有些生气）："爸！"

张新盛："听话，宁宁。"

张宁无奈，长出一口气。

【第七幕】

戴正武家（日）（内）

张宁来到蒋毅金的朋友戴正武家，敲门。

戴正武开门。

张宁（面无表情）："蒋毅金在吗？"

戴正武沉默地把张宁带入一间卧室，屋子里没有人，张宁有些疑惑地向四周看了看。

戴正武打开桌上的电脑，打开了一个视频文件，蒋毅金出现在电脑屏幕上。

（蒋毅金回忆）

回忆一：医院，医生叹了口气，有些惋惜地看着蒋毅金。

医生："抓紧治疗，也许还有希望。"

回忆二：张宁家，隔着门，蒋毅金听张宁父女争执。

张宁："爸爸，卖房子怕什么，治病要紧。我们都这么年轻，以后能挣回不止一套房子。"

张新盛（喘息不止）："爸爸不能拖累你们，我不同意卖房！不能我死了，还让我的儿女流落街头无家可归！"

蒋毅金听完，默默地从口袋里掏出医院的诊断书，撕碎了。

（回忆结束）

电脑屏幕继续播放蒋毅金的视频。

蒋毅金："……"

蒋毅金面带微笑，定格在电脑屏幕上。

张宁呆呆地看着屏幕上蒋毅金定格的画面，泪流满面。

戴正武从门口的柜子上拿起蒋毅金的骨灰盒，递到张宁手上，张宁紧紧把骨灰盒抱紧怀中，痛哭不止。

张宁："哥，咱们回家。"

画面转黑。

《爱的离别》修改后

【第一幕】

医院走廊（日）（内）

张宁拿着手机，表情焦灼，来回走动，顿足。

电话响起嘟嘟嘟的声音，终于提示无人接听。

张宁不甘心，再次拨打，这一次电话接通了。

张宁："你什么时候……"

"嘟嘟嘟"电话挂断了。

张宁再拨过去。

画外音："您所拨打的用户已关机。"

【第二幕】

医院病房（日）（内）

躺在病床上的张新盛，一边吸氧，一边眼巴巴地看着张宁。

张新盛："你哥呢？"

张宁（支支吾吾）："哦，他……他有事在忙。"

张宁转过身，拿起手机，蒋毅金的微信朋友圈晒出了他跟朋友出去一起吃饭的照片（特写）。

【第三幕】

张宁家门口（日）（外）

张宁开门，蒋毅金拎着旅行包正要出门，张宁一把拉住蒋毅金："为什么不去医院，你说话啊！"

蒋毅金终于停下脚步，淡漠地看了她一眼。

张宁："你说话！"

蒋毅金："你爸的病是无底洞，卖了房能支持多久？我的人生刚开始，我不想陪你们一起死！"

张宁怒视蒋毅金："你！你居然说这种话！如果不是我爸养大你……"

【第四幕】

医院走廊（日）（内）

张宁（对着手机，带着哭腔）："我爸现在要进手术室了，求求你，来看看他。"

手机屏幕特写，前面全部是张宁发给蒋毅金的语音信息，最后一句是蒋毅金的回复："你们家的事，我没有兴趣。"

【第五幕】

张宁家（日）（内）

张新盛惊醒。

张宁："爸，你怎么了？"

张新盛："你哥什么时候回来？"

张宁爆发："爸，你能不能不要提这个人了，他根本没去外地，现在过得不知道有多好，早就不记得你了！"

张新盛诧异。

张宁拿出手机给张新盛看蒋毅金的朋友圈，满满的都是各种生活很快乐的内容。

【第六幕】

戴正武家（日）（内）

张宁来到蒋毅金的朋友戴正武家，敲门。

戴正武开门。

张宁（面无表情）："蒋毅金在吗？"

戴正武沉默地把张宁带入一间卧室，屋子里没有人，张宁有些疑惑地向四周看了看。

戴正武（指着桌子上的一个盒子）："蒋毅金半年前去世了。"

张宁（瞪大了眼）："什么？"

戴正武："他把治疗费用留给了你父亲。"

张宁呆呆地看着屏幕上的蒋毅金定格的画面，泪流满面。

大家看到了，正确地使用"晚进早出"可以很好地避免拖沓，在恰当的时间点，引导观众进入事件，这样观众就会有"进入重点"的感觉。

很多新人拍摄短视频想要面面俱到，急着"圆满"地讲述一件事情，是不对的。从理论上讲，场景应该开始于冲突的高潮之前。如果离高潮太近，只有一两句话的工夫，那么观众会不明白究竟发生了什么事。如果离高潮稍远一点，观众又可能不耐烦。当然，因为场景内容不一样，要看具体情况。

那么，"早"要早到什么时候，"晚"要晚到什么时候？实际上并无定规，关键是要把人物的戏剧性表现清楚。

TIPS 063 有节奏感：使短视频文案让人忘不了

营造节奏感是一门技术而不是手段，它提供的是一个思路、一个方向，而不是一个套路。一般情况下，节奏是随着剧情的发展从低到高开始慢慢变化的，短视频剧情有开端、发展、高潮和结局这 4 个部分，下面具体分析。

1. 开端

在短视频的开端，最好要有两点内容，一是平缓，二是合理的突变，但平缓并不是指平铺直叙，没有波澜。

以短视频《玩具车》为例，该短视频主要讲述的是孩子骄纵无礼、家长纵容溺爱的故事，以玩具车为线索，逐渐引出后面的故事。在故事的开端，熊孩子在玩玩具车时撞到了一位黑衣男子，随后与其发生了冲突，如图 9-4 所示。

这里就是一个相对平缓的节奏，只是一个简简单单的相撞事件。但是在这平缓中存在一个亮点，那就是熊孩子与黑衣男子的冲突。此处是个比较小的冲突，不过是人与人之间的口角，这既没有破坏整体的节奏，又在话语中隐隐给用户传达了一个概念——熊孩子性格顽劣、没有礼貌。

此外，剧情在此处设置了两个悬念。黑衣男子为何神情古怪？这个神秘人到底与这对母子有什么关系？在剧情的开端为后面的故事发展埋下了伏笔，这就是在平缓的剧情上加了一点点突变。平缓不代表无聊，如果短视频用户感觉无聊就不会继续观看下去。

图 9-4 《玩具车》短视频的开端情节

2. 发展

每条短视频的剧情发展是靠短视频运营者决定要写几步的，它可以有两步、三步、四步甚至更多步，但是故事间的情感不要重复。

如果前面写了一个生死虐恋的剧情，后面就不要再讲一个类似的故事，可以改为讲一个拯救世界的故事或其他。连续看两段情感重复的剧情是会带给人审美疲劳的，在剧情发展的过程中非常需要注意。

在发展过程中还有一个重要的点，那就是伏笔，伏笔最终是走向高潮的。它不一定会出现在发展的过程中，也可以出现在开端。为高潮埋下伏笔可以让高潮显得更加合理、更加有戏剧性。

比如，在短视频《玩具车》的剧情发展中，熊孩子与家长告别黑衣男子后，家长又让自己的孩子在公园玩玩具车去了。熊孩子虽刚刚经历过一次吵架，但是捣蛋行为依然没有结束。先是熊孩子把玩具车开到了小水滩，然后不开心地用脚踩小水滩，溅了一对年轻情侣一身水，熊孩子母亲跑过来说："这么大的人还欺负孩子，懂不懂得尊老爱幼。"随后，小孩子又用玩具车撞倒了一个老人，熊孩子母亲跑过来说："光天化日下还碰瓷小孩，真是坏人变老了。"

剧情继续发展，熊孩子玩玩具车撞倒了小女孩收集的玻璃球，小女孩因难受而哭了，熊孩子母亲又跑过来说："小孩子怎么这么娇气，碰都碰不得。"图 9-5 所示为《玩具车》短视频部分情节截图。

此处的情节从侧面烘托了人物的性格，让短视频用户更加了解人物。与此同时，也是为后面的高潮埋下了伏笔。

图 9-5　《玩具车》短视频部分情节截图

3. 高潮

短视频运营者如果想要剧情的高潮能引起用户的点赞、评论和分享，就要学会让剧情高潮引起玩家的思考，更好地传达短视频想要表达的主题。

在《玩具车》短视频中，熊孩子顽劣调皮、母亲"助纣为虐"，这让公园里的"正义之士"看不过去，联合之前被欺负的对象一起过来声讨这对母子，这也

图 9-6　《玩具车》短视频的高潮情节

让短视频的剧情达到了高潮，如图 9-6 所示。

《玩具车》短视频的高潮不仅引发了剧情的"爆点"，满足了短视频用户的愤慨，还把短视频的主题表达了出来——过于溺爱会害了孩子。

4. 结局

在短视频的结局部分，通常也会存在一次情节的高潮，来弥补对高潮剧情的一些失落感。另外，结局还有一个特点就是"情理之中，意料之外"。

"情理之中"是为了解答之前埋下的一些伏笔，让玩家觉得做出的选择和剧情的变化是合理的，与最后的高潮剧情相呼应。"意料之外"则是我们希望玩家不要猜到结局，或者说他们在看完剧情之后，能有"啊，原来是这样！"的反馈。

在《玩具车》短视频的结尾，熊孩子母亲因吵架过于专注，不小心踩到玻璃球而失足落水。熊孩子母亲再次醒来，发现自己已经离世，并且只有那个黑衣男子看得到她。熊孩子母亲乞求黑衣男子让她回到她孩子身边，孩子需要她的陪伴。

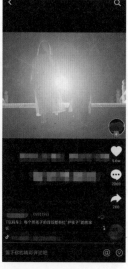

图 9-7　《玩具车》短视频的结尾情节

黑衣男子让熊孩子母亲看向孩子，离开了母亲的熊孩子反而成熟了，黑衣男子再次点明视频主题说道："雏鸟需要父母的投喂才能够活下去，但是要学会飞。"熊孩子母亲幡然醒悟，跟随黑衣男子前往了天堂。图 9-7 所示为《玩具车》短视频的结尾情节。

剧情发展至此，也为《玩具车》短视频画上了句号。《玩具车》短视频结尾通过熊孩子母亲的离世和幡然醒悟让短视频再次达到高潮，让短视频用户忍不住点赞、评论和分享。

旧瓶新装：不断创作短视频剧本文案

　　　　短视频迭代太快，剧情化的短剧本领域作为短视频领域的重要支点，也存在各种各样的问题，其中比较常见的问题就是内容缺少创意。严重的同质化、模仿、抄袭让整个短视频行业混乱不堪。

　　尽管平台有相应的解决方案，但是面对汹涌澎湃的互联网抄袭大军，还是无奈。注意这里所说的是缺少创意，而并非剧本创作技巧。

　　一个短视频运营者能有几个脑袋？灵感总会有枯竭的时候，事实上，绝大多数编剧的素材来源，都是网络上常见的段子。下面就讲一讲如何把互联网上司空见惯的"段子"，改成优秀的短视频剧本。

【案例展示】

《钻戒》修改前

　　小红和小明逛首饰店。小红看到一枚价格昂贵的戒指，试了试，很喜欢。但是看到价格，又吃了一惊，于是小心翼翼地将戒指放了回去。就在这个时候，男朋友小明一把夺过小红手中的戒指，单膝跪下："嫁给我！"小红感动地落泪了，红着脸说："我……我愿意！"小明很高兴，然后从地上站起来，把戒指还给导购员说："谢谢！"拉着小红的手就走了。

《钻戒》修改后

　　首饰店柜台前（日）（内）

　　人物：小明，小红，导购

　　无机位，无表格中景：小明搂着小红的腰，走到玻璃柜台前。

　　近景：小红停下脚步，目光被柜台上的首饰吸引，转身，弯下腰，拿起一枚钻戒，放在手指上试了一下。

　　中景：导购（礼貌地微笑）："美女，感觉合适吗？"

　　近景：小红（先转身看了一眼小明，又回头看导购）："这……多少钱？"

　　中景：导购女："一万八。"

近景：小红（皱起了眉，摘下戒指，再次弯下腰，要把戒指放好）

中景：小明快步上前，左手抓住小红的手，右手一把夺过小红手中的戒指，单膝跪下："小红，嫁给我好吗！"

近景：小红一愣，惊讶又吃惊的表情（特写，浪漫的音效）。

中景：导购鼓掌。

近景：小红擦了一下眼睛，捂住了嘴："我……我愿意。"

中景：小明从地上站起来，拍拍身上的尘土，把戒指还给导购员："谢谢！"。（搞怪的音效）

近景：小红瞪大了眼睛。

远景：小明拉着瞪大双眼的小红走了。

看完以上内容，大家应该知道了，短视频剧本的创作更倾向的是"编辑、挖掘、加工"的能力。这也是短视频运营者一定要学会"功夫"——借力。

借力是什么？就是巧妙地利用自己的文笔对短剧本进行加工。短视频运营者应该把自己的经验应用到好的点子和创意上，加工后进行输出。短剧本创作者不一定需要做创意供应者，因为每个人都不会有那么多的创意，要做的是创意的加工者。加工绝不是简单粗暴的抄袭，而是有创作技巧的编辑、加工和整理。

第 10 章

情节设计：
9 个技巧让短视频登上热门

情节是短视频的重要组成部分。许多短视频用户之所以喜欢刷短视频，主要是因为许多短视频的情节设计得足够吸引人。

那么，如何进行短视频情节的设计呢？笔者认为需要有足够大的"脑洞"（创意），以及培养善于挖掘热梗的能力。

内容定位清晰，加强人设特征

在运营短视频的过程中，短视频运营者要对短视频的内容进行准确的定位，即确定该账号侧重于发布哪方面的内容。内容定位完成后，短视频运营可以根据定位打造相关的短视频，并通过短视频来加强人设。

人设就是人物设定。简单地理解，就是给人物贴上一些特定的标签，让短视频用户可以通过这些标签准确地把握人物的某些特征，进而让人物形象在用户心中留下深刻的印象。

在图 10-1 所示的短视频中，一个小伙子带着宠物狗上街，结果宠物狗当街拉了大便。但是，这个小伙子却不收拾干净。一位大妈看到之后，将其理解为小伙子想让其他人交上狗屎运。所以，大妈抛出一个球，吸引小伙子牵着的宠物狗，结果宠物狗拉着小伙子往前跑，小伙子自己踩到了宠物狗的大便。

图 10-1　通过定位加强人设特征

这个短视频账号经常会发布一些短视频来提升大妈"乐于助人"（实质是用智慧应对现实中的不平之事）的形象，让短视频用户牢牢记住了短视频中幽默、善良又充满智慧的大妈。很显然，其短视频便是通过清晰的内容定位，来巩固大妈的人设特征的。

"反转"设计，让人措手不及

如果短视频用户刚看到短视频开头，就能猜到结尾，那么，短视频用户就会觉得这样的短视频很没有可看性，甚至于有的短视频用户看到这类视频，只看了开头就没有兴趣看下去了。

相比于这种看了开头就能猜到结尾的短视频，那些设计了"反转"剧情的短视频，打破了人们的惯性思维，往往会让人觉得眼前一亮。

在图 10-2 所示的短视频中，一位老爷爷到车行买车时，用手摸了摸自己喜欢的车。车行的销售员看到老爷爷的穿着之后，觉得这位老爷爷买不起这款车，于是便对老爷爷说："碰坏了你赔不起！"结果老爷爷的儿子来了销售员才知道，这个车行就是老爷爷的儿子开的。而之前看不起这位老爷爷的销售员，也不禁露出了尴尬之色。

图 10-2　设计"反转"剧情的短视频

图 10-2 中的短视频之所以能够吸引许多短视频用户的关注，并获得了大量的点赞和评论，主要是因为这个短视频中设计了"反转"剧情。让短视频用户看完短视频之后感觉剧情安排得十分巧妙，既在意料之外，又在情理之中，使人忍不住地想要为短视频点赞和评论。

剧情幽默搞笑，提升用户乐趣

许多人之所以喜欢刷短视频，就是希望能从短视频中获得快乐。基于这一点，短视频运营者要能通过幽默搞笑的短视频剧情，让人们从短视频中获得快乐。

在图 10-3 所示的短视频中，一对夫妻坐在长椅上正聊着天，突然有一位女士来到了他们跟前。这位女士直接带着质问的语气对这对夫妻中的丈夫说："你为什么电话不接，信息不回！"

这对夫妻中的妻子听到这里，还以为自己的丈夫在外面拈花惹草了，于是给了自己的丈夫一巴掌，并质问那位女士："你是谁？"没想到接下来那位女士却说："我是送快递的。"妻子这才意识到自己理解错了，错怪了自己的丈夫，而此时丈夫正一脸无辜地看着她。

图 10-3　热门搞笑的短视频

看完这个短视频之后，许多短视频用户都会觉得这条短视频非常幽默、搞笑。因此，看完之后都不禁会心一笑，为短视频的剧情点赞。

适当运用"套路"，设计狗血剧情

在设计短视频剧情的过程中，短视频运营者可以适当在其中运用一些"套路"，更高效地制作短视频的内容。设计短视频剧情的"套路"有很多种，其中比较具有代表性的一种就是设计狗血剧情。狗血剧情简单来说就是被反复模仿翻拍、受众司空见惯的剧情。

虽然这种剧情通常都有些烂大街了，但是，既然它能一直存在，就说明它还是能够为许多人接受的。而且有的狗血剧情在经过一定的设计之后，还会让人觉得别有一番风味。

因此，设计狗血剧情这种设计短视频情节的"套路"，有时对于短视频运营者来说也不失为一种不错的选择。

在图 10-4 所示的短视频中，一个女孩因为前男友回来了，自己对前男友还有感情，仍然念念不忘，于是和短视频中的男主角提出了分手。就在女孩和前男友离开之后，男主收到了一个快递，是他买的一个戒指。原本男主角是想要用这枚戒指向女孩求婚的，却没想到还没等到用戒指的那一天，女孩就跟着前男友离开了，两个人就这样遗憾错过。

图 10-4 设计狗血剧情的短视频

像这种女孩没有忘记前男友，跟前男友破镜重圆，而现男友还来不及表达自己想和对方一辈子永远在一起的意愿，女孩就跟着前男友离开了的剧情，应该可以算得上是司空见惯的狗血剧情了。

但这条视频却仍然吸引了许多短视频用户的关注，由此便不难看出，这种设计了狗血剧情的短视频依然是有一定市场的。

TIPS 069 缩减剧情铺垫，直接呈现高潮

一部电影往往会有两个小时，但是短视频往往最多只会有 1 分多钟。短视频属于快餐文化，迎合了当下急速发展的时代。

如果短视频剧本的前期铺垫过长，用户就会直接滑向下个视频。所以，短视频运营者能加快故事进度就加快，最好在开头就抓住短视频用户眼球。

在图 10-5 所示的短视频中，分手后的男生对女生念念不忘，还时常偷拍、跟踪女生。短视频刚开始就直接进入情节高潮，再加上悬疑的背景音乐，紧紧地抓住了短视频用户的眼球。

图 10-5　直接呈现高潮的短视频

在这条短视频中，短视频运营者直接省去了男生和女生交往之前的故事，分手的原因。让短视频的情节高潮直接呈现在观众眼前，极大地刺激了短视频用户

的感官，使用户想把短视频看完。

如果无法前置短视频的高潮，短视频运营者可以在视频标题写上"答应我一定要看到最后"，引导用户看完短视频，如图 10-6 所示。

图 10-6　话术引导用户看完短视频

加入网络热点，引发观众互动

为什么许多人都喜欢看各种新闻资讯？这并不一定是因为看新闻非常有趣，而是因为大家能够从新闻中获取时事信息。基于这一点，短视频运营者在制作短视频的过程中，可以适当地加入一些网络热点资讯，让短视频中的内容满足短视频用户获取时事信息的需求，增加短视频的实时性。

例如，某中国女导演获得 2020 年威尼斯电影节最高奖——最佳影片金狮奖，一时之间关于她导演的电影成为了网络热点。正是因为如此，许多短视频运营者结合该网络热点资讯设计了短视频剧情，如图 10-7 所示。

从图 10-7 不难看出，这种结合网络热点资讯打造的短视频，推出之后就能迅速获得部分短视频用户的关注。

图 10-7　加入网络热点资讯的短视频

　　这主要是因为一方面短视频用户需要获得有关的热点资讯，另一方面如果这些热点资讯有相关性，那么，短视频用户在看到与其相关的短视频时，也会更有点击查看的兴趣。

玩转花边消息，吸引观众目光

　　娱乐性小新闻，特别是关于明星、名人的花边消息，一经发布往往就能快速吸引许多人的关注。这一点很好理解，毕竟明星和名人都属于公众人物，而他们又大多想要安静地过好自己的生活，不想让自己的花边消息被大众看到。

　　也正是因为人们无法轻易看到这些消息，所以一旦某位明星或名人的花边消息被爆料出来以后，就能快速吸引许多人的目光。

　　基于这一点，短视频运营者在制作短视频的过程中，可以适当结合明星和名人的花边消息打造短视频剧情，甚至可以直接制作一个完整的短视频，对该花边消息的相关内容进行具体的解读。

分析模仿爆款，增加创意内容

模仿是指根据快手或抖音平台上已发布的热门短视频，依葫芦画瓢来打造自己的视频。这种方法常用于已经形成热点的内容，因为一旦热点形成，模仿与热点相关的内容，会更容易获得短视频用户的关注。

比如，随着综艺《乘风破浪的姐姐》的走红，让其主题曲《无价之姐》的热度一直居高不下。这也让短视频平台上出现了"# 乘风破浪的姐姐"话题，看到该话题的热度之后，许多人在该话题下以"无价之姐"这首歌为背景音乐跳起了舞，而且舞姿也都是同款舞蹈。

许多短视频运营者发布了跳该舞蹈的短视频后，便获得了大量的点赞，这便是运用模仿法拍摄短视频的典型案例。图 10-8 所示为短视频运营者拍摄的实时热点模仿短视频。

图 10-8　短视频运营者的实时热点模仿

翻拍演绎热梗，制造话题热度

一定要好好研究网络热梗，思考如何进行二次创作，因为网络热梗就是热点，就是流量，是大家最喜欢转发，也是大家最关注的。

对一个网络热梗的关注程度和了解程度,甚至有人用其衡量一个人是否年轻,是否走在流行文化的前沿。谁都不想在跟同事聊天的时候不明白大家的笑点,所以当热梗出现时,必定会带来巨大的流量和关注,此刻短视频运营者就必须迅速且巧妙地去追这个热点。

对于短视频运营者来说,在他人发布的内容的基础上,适当地进行延伸,从而产出新的原创视频,也是一种不错的内容生产方法。

例如,某短视频账号就用"无价之姐"这个梗创作了一个防网络诈骗版,跟自身职业结合进行二次创作,通过短视频带用户了解网络、电话等新形式的诈骗,使短视频的热度非常高,如图 10-9 所示。

图 10-9　短视频运营者的新意制造热度

第11章

剧情创意：
8个技巧增加短视频的吸引力

相比于一般的短视频，那些带有剧情创意的短视频往往更能吸引短视频用户的目光，让短视频用户有兴趣看完整条视频。

那么，如何让短视频的情节更具有创意，更能吸引短视频用户的目光呢？

违背预期：让剧情突然调头，朝另一个方向发展

违背预期大概是短视频创作最常用的手法，同时也是众多短视频创作者最想掌握的技巧。只有让短视频用户想不到，才会有爆款，真的一点都不夸张。

违背预期既容易形成戏剧化效果，又容易使观众观看时自我带入，给人奇妙的心理体验。这也是为什么在抖音里面，粉丝 1000W+ 的短视频运营者喜欢使用"违背预期"这个方法，并且屡试不爽。违背预期就是让情节向相反的情境转化，形成违背预期的关键就在于如何制造假象。

一般情况下，是在短视频细节方面使用多义性表达，加入一些干扰性的元素，使观众陷入假象的惯性思维，从而在真相被揭示时形成最大限度的戏剧化效果，最后揭示真相，交代谜底。下面介绍几个比较实用的违背预期技巧，从而增加短视频的吸引力。

（1）初级手法

在具体的手法上，主要是通过对几个要素进行违背预期的。比如为人物设置的属性违背预期，出场看上去像坏人，然后通过各种实际剧情和表现，让人发现"坏"只是表面现象，实际上这个人是个卧底好人之类的。

（2）高级手法

高级一些的手法则是对其他要素设置的违背预期，比如，博弈双方的实力违背预期、喜剧悲剧的违背预期、利用读者思维定式的违背预期等。除此之外，还可以在违背预期中套着违背预期。总之，违背预期的核心就是营造出让读者眼前一亮、心头一惊的效果，相关技巧如图 11-1 所示。

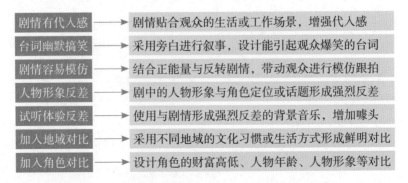

剧情有代入感	剧情贴合观众的生活或工作场景，增强代入感
台词幽默搞笑	采用旁白进行叙事，设计能引起观众爆笑的台词
剧情容易模仿	结合正能量与反转剧情，带动观众进行模仿跟拍
人物形象反差	剧中的人物形象与角色定位或话题形成强烈反差
试听体验反差	使用与剧情形成强烈反差的背景音乐，增加噱头
加入地域对比	采用不同地域的文化习惯或生活方式形成鲜明对比
加入角色对比	设计角色的财富高低、人物年龄、人物形象等对比

图 11-1　拍摄剧情违背预期类短视频的相关技巧

剧情冲突：通用剧情策划思路，任何行业都可以套用

一百多年来，电影制作和剧情创作理论也随着社会的发展而不断演进，形成一套完整、放之四海皆准的方法论。"万变不离其宗"，短视频与影视作品的创作手法和生产流程其实一般无二。短视频创作者完全可以借鉴已经被市场验证的剧情创作理论，打造更适合抖音环境的短视频作品，旧瓶装新酒。

短视频与电影、电视的传播方式有所不同，短视频把"全民接受"变成了"全民互动"，每个人摇身一变成了电视台，关注某个抖音账号的粉丝，就是这家"电视台"的观众。事实上，影视剧行业广泛被应用的剧情冲突，几乎也都运用在了短视频领域，下面笔者将举例说明。

1. 人物变装型

男扮女装、女扮男装是影视剧屡试不爽的"套路"。因为在影视剧中，女扮男装的剧情比较多，用户也见得多，所以在抖音上，男扮女装的短视频账号更为成功，如图 11-2 所示。

图 11-2　男扮女装的短视频

除了这种男女性别转换的变装，在抖音上常见的还有在穿衣风格上改变的变装。具体来说，就是随着故事情节的发展，让故事主人公换上合适剧情的衣服，通过剧情角色变装的对比，增强了短视频的可看性。

例如，在某短视频账号发布的视频中，经常会出现女主一开始不懂得打扮、穿着简单朴素、脸蛋素面朝天，在经历了一些事情后，女主发生翻天覆地的改变，成为一个打扮精致、穿着光鲜亮丽的女孩，如图 11-3 所示。

图 11-3　风格变装的短视频

2. 一人多角型

在影视剧中，一人分饰多角，往往都会被大家冠以"演技炸裂"的标签。比如，出生后就分开的双胞胎，或者遭受重创后出现多重人格。

在抖音平台上，有很多短视频运营者会通过一人来演绎不同性别的多个人物，通过轻讽刺的手法揭示社会的某一现象，让短视频有趣又有品，让观者笑中带着泪，如图 11-4 所示。

图 11-4　情景故事型短视频

在图 11-4 所示的短视频中，主人公就一人分饰多角，用对话的形式还原了学生时代的那些事。因短视频主人公超高的演技，再加上故事情节的精彩，使得这条短视频得到广泛传播。

3. 多重转折型

在短视频平台里，有很多剧情类账号拍摄的短视频使用了多重转折。在短视频中，通过剧情的一次次转折，点燃了短视频用户的热情，让其不禁对此点赞、评论。

例如，某短视频运营者是学画画的美术生，在短视频里他就画了很多仿实物的画。你以为他手上正捧着泡面，其实那只是一幅画；你以为后面桌子放着开水壶，其实它还是一幅画；你以为这面墙有一扇门，那仍然是一幅画。通过故事情节的不断反转，给短视频用户极大的乐趣，如图 11-5 所示。

图 11-5　多重转折型短视频

以上几个技巧只是创作技巧在短视频领域里最浅表级的应用。只要短视频运营者掌握了相关的创作技巧和剧情结构的搭建，就获得了短视频剧本创作的万能钥匙，为创作自由开锁。

TIPS 076　增加泪点：戳中人心，通过煽情制造感动

笔者认为人流泪的原因有很多，有感动、共情、悲伤等。为了知道什么"套路"能引起这种情绪，我们首先要知道人为什么会有这样的情绪。把可以引起这样情绪的情节加以总结，就找到可以引起泪点的"套路"了。

1. 感动情绪

感动是人类受到外界事物影响后的一种情绪，对印象深刻的事或物产生共鸣，通常表现为哭泣，如图 11-6 所示。

图 11-6　让人感动的短视频

在图 11-6 所示的两条短视频中，都在阐述"同情"和"亲情"的主题，从而唤醒短视频用户的感动情绪。第一条短视频讲述的是一个年迈的老人为了不给孩子增加负担，佝偻着背在外面卖菜。第二条短视频是一个坐在地上吃着包子的工人，他是为了赚钱寄给父母补贴家用，就连过年也不能回家。

其实，这两条短视频放在一起更像是一对"母子"，都是为了彼此而努力生活着的社会缩影。短视频的另一主角作为帮助者出现，用来传播温暖和爱。

在日常生活中，人们总是会对能让人产生归属感、安全感，以及产生爱与信任的事物所感动。例如，一道能让人想起爸妈的家常菜、一份萦绕在两人中间的温馨的爱，以及一个习以为常却体现细心与贴心的举动等。

这些都是能让人心生温暖的正面情绪。当然，它们也是最能触动人们心中柔软之处的感情，并且是一份能持久影响人们内心的感情。

2. 共情情绪

情景故事中的人物带着烟火气，情节似曾相识，观众看后极易自我代入，产生共情。其实，有很多影视剧早就对情景故事情有独钟，把镜头对准了婆婆妈妈的日常和生活流水账。通过小人物的小故事来探索人生的意义、生命的真谛等大主题。同理，短视频也同样适用，如图 11-7 所示。

图 11-7　共情情结的短视频

　　图 11-7 所示的短视频就讲述了婆媳之间的故事，因其内容的真实和平易近人，让不少短视频用户为其点赞。如今在抖音上，这种情景故事型的短视频越来越多，并且都收获了不错的播放量和点赞量。

3. 悲伤情绪

　　悲伤是人类最早出现的情绪之一，也是人类很早就开始认知的一种情绪。一般来说，悲伤是由分离、丧失和失败引起的情绪反应，如图 11-8 所示。

　　在图 11-8 所示的短视频中，女孩的小狗去世了，这只一直陪着女孩长大的小狗已经无法继续陪在女孩身边。短视频里放着女孩与小狗曾经的互动，这种悲伤情绪不知不觉地感染了看这条短视频的用户，戳中了用户的泪点，也让这条短视频收获了超过 185 万的点赞量。

图 11-8　悲伤情结的短视频

短视频反映了人们的生活和精神状态。前面描述的一些感动人的感情和场景都是短视频中比较常见的内容，也是打造爆款短视频不可缺少的元素。

短视频通过影像和声音来传递信息，如果短视频运营者想要用短视频调动观众的情绪，除了让剧情更加有创意，还要让音乐也更加有感染力。通常一首动人的背景音乐能瞬间将气氛烘托出来，即使没有影像配合，在一片漆黑的屏幕里，也能起到渲染气氛的作用。

TIPS 077 增加笑点：锦上添花，发现身边的开心事

纵观短视频平台首页，可以发现许多短视频都带有搞笑的成分。这主要是因为幽默风趣的语言可以给人带来快乐，而快乐是没有人会拒绝的。

所以，当看到非常搞笑的短视频时，大多数短视频用户都会主动点赞。而随着点赞数量的快速增加，一条看似普通的短视频也就成为了爆款短视频。

例如，某短视频运营者就做了《疯人院》一系列的短视频，用搞笑的方式创作剧情，戳中短视频用户的笑点，这也让该账号中的短视频点赞量和播放量都很客观，如图 11-9 所示。

图 11-9 所示的短视频就是《疯人院》系列其中之一，讲述了两个疯子想用翻墙的方式逃离疯人院，可是一个人上去了，另外一个人就上不去，就这样两个人互相换着推到了天黑。虽然剧情很让人无语，但是让用户看得很开心。

图 11-9 剧情搞笑的短视频

增加痛点：急人所急，满足观众的真需求

TIPS 078

短视频运营者在对短视频进行创作时，可以找到短视频用户的痛点，通过满足短视频用户某方面的需求来吸引短视频用户的关注，这一点对于引导短视频用户购买商品尤其重要。

在图 11-10 所示的短视频中，短视频作者便从短视频用户个子比较矮、衣服不好搭配这个角度出发进行了产品宣传。

虽然这是从痛点出发进行的产品宣传，但也满足了短视频用户对于衣服搭配看起来显高的需求。所以，部分短视频用户在看到该评论之后进行点赞。可以想象，如果短视频用户对于衣服搭配看起来显高有需求，那么，在看到该短视频之后，对短视频中的服饰的需求会有所提高。在这种情况下，短视频中服饰的销量也就更有保障了。

图 11-10　从痛点出发的短视频

增加痒点：增加惊喜，找到观众潜在兴趣

TIPS 079

可能部分短视频运营者在看到标题之后，对于"痒点"会有疑惑。究竟什么是"痒点"呢？简单地理解，"痒点"就是让人看后觉得心里痒痒的，忍不住想要进行观看的"点"，如图 11-11 所示。

有"痒点"的短视频，不仅可以快速吸引短视频用户的关注，让短视频被更多的短视频用户看到，而且还可以通过"痒点"吸引短视频用户评论，提高短视频的关注度。

图 11-11　有"痒点"的短视频

增加爆点：掌握火候，让全世界都记住你

人们总是会被各种情感感动，特别是那些能激励人们奋发向上的正能量的情感，更是激起受众感动情绪的重要因素之一，也是短视频的爆点所在，如图 11-12 所示。

图 11-12　关于国家建设发展的抖音短视频

作为一名中国人，看到这样的视频，是不是会觉得特别骄傲和自豪呢？心中油然而生的激动情绪是这类爆款短视频推广效果的缩影。

对受众来说，短视频平台更多的是作为打发无聊、闲暇时光的工具，吸引了众多人关注。而短视频运营者可以针对平台的用户，多发布一些能激励人心、感动你我的短视频，从而让人们从无聊变"有聊"，让闲暇时光也充实起来。这也是符合短视频平台正确发展之路的。

增加槽点：发现不足，让大家一起来吐槽

一条短视频评论要想快速吸引短视频用户的目光，就必须带有一定的亮点。这个亮点包含的范围很广，既可以是迎合了热点、击中了痛点、提供了痒点的"点"，也可以表达幽默风趣，还可以充满槽点。

所谓的槽点，就是让人看完之后，想一起吐槽。短视频运营者可以把社会上的不良现象或者热点事件插入到你的短视频中，引起短视频用户对这种问题的思考，提高互动性，如图 11-13 所示。

图 11-13　有槽点的短视频

第 **12** 章

Vlog 剧本:
7 个技巧打造爆款短视频

　　Vlog 其实是"video blog"的简称,翻译成中文就是视频日记。因为以 Vlog 的方式记录日常生动有趣,更有视觉冲击力,现在它渐渐地成为一种流行的记录生活的方式。本章将通过 7 个技巧教你写出爆款 Vlog 剧本。

Vlog 脚本：提高拍摄效率和团队合作效率

Vlog 可以说是以视频的形式记录自己的生活，分享到社交平台上，从而吸引大家的关注。

1. 什么是 Vlog

什么是 Vlog？简单地说，就是视频日记的意思，将生活中的琐碎事情记录在视频中，通过剪辑保留最有意思的部分。

不管是记录一次做饭的过程，还是记录一场有意义的聚会，都可以作为拍摄的主题，用视频的方式记录生活中的点点滴滴。即使是平凡的生活，也会认真地记录。

2. Vlog 主要拍什么

很多小白在了解 Vlog 之后，常常会纠结一个问题，就是 Vlog 主要拍什么？这个问题的答案非常多，但是也可以笼统地回答，那就是生活中的一切都可以拍摄。只要你自己觉得值得分享出来，那么就一定会有存在的意义。

Vlog 最重要的是拍摄的连贯性，注重有头有尾的拍摄。即使是一段很短的视频，也要拍摄完整，这样也是对观众负责。其次就是拍摄前想好自己要拍摄的主题，不能盲目地拍摄，这样只会增加自己的负担，拍摄到中期的时候主题容易跑偏，导致自己后期剪辑的任务量巨大。

3. 如何抓住 Vlog 风口

抖音、快手短视频的快速火爆，带动了全民拍摄短视频的热潮。在街头或者餐厅，时不时会有人举着手机拍摄视频，分享自己的生活。很多 Vlog 博主，通过分享自己的生活趣事，在网络上火爆起来，受到许多粉丝的热捧。将自己的爱好变成赚钱的一种途径，同时自己乐在其中。

短视频火爆的一个原因是大家可以花更少的时间看到更多的内容，而且人们一般都会将一段视频看好几次。这样反复观看还能提高短视频的播放量，更能提高短视频的热度。当然，短视频的传播速度相比于文章来说更快、更高效。所以，我们不要错过这次的短视频风口，要抓住这次机会。

4. 编写 Vlog 剧本

Vlog 剧本的写作是拍摄 Vlog 的前提。就像拍电影一样，剧本越好，电影越好，剧本差劲，导演就算再怎么努力，也无法拯救整部电影的水准。

短视频运营者在拍摄 Vlog 之前，一定要想好 Vlog 的主题，这样才能更好地拍摄 Vlog。另外，Vlog 剧本和其他剧本不同，没有固定人物、场景和对话的设定。

那么，如何写好 Vlog 剧本呢？短视频运营者可以从以下 4 个方面出发，进行 Vlog 剧本的创作。

（1）独特性

很明显，别具一格的内容自然受欢迎。越独特，个性越鲜明，自然越惹人注目，好奇心会促使短视频用户对 Vlog 产生浓厚的兴趣。

打个比方，在很多讲爱情的剧本里，一般都会通过生离死别来表达爱情的庄重，但如果有一个剧本利用生活中的点滴来表达爱情的神圣和美好，是不是就显得有些不同呢？

为了突出自己剧本的与众不同，就应该对相同的事物进行不同角度的创意挖掘，从而打造出独树一帜的剧本风格和内容。

（2）原创性

这一点十分重要，Vlog 剧本一定要有足够的创意，不能和别人重合，更不能抄袭。其实，最好也不要模仿，因为同样的情节重复的次数多了，也就没人愿意继续捧场了。

即使真的要模仿，也应该模仿好的剧本，学习那种创作思维，从而激发创意，写出富有个性的剧本，做到推陈出新。

（3）少写多发挥

其实很多时候，剧本最好不要事无巨细地全部写完，因为临场拍摄的时候或多或少都会有一些小意外发生。

很多时候，这些偶然出现的小细节往往可以推动想象力的迸发，能够为 Vlog 的拍摄带来不少灵感和空间，而将东西写得太详细了，反而略显死板。

（4）一个亮点

在剧本的写作当中，至少要有一个亮点，可以是某个角色、某个地点，甚至是某种方言。总之，就是要给观众们一个关于 Vlog 的记忆点，让他们在看过这个后就念念不忘，记忆尤深。

加入故事性：把无聊的生活拍成有趣的Vlog

如果你的 Vlog 只是拍一些起床、刷牙、吃早餐、逛街等场景，这种没有主题的日常 Vlog 很难吸引人，很少有人喜欢看，除非你长得特别漂亮，或者本身拥有一定的粉丝群体。下面介绍几个拍摄主题的效果展示，大家参考一下。

1. 家庭纪实拍摄

短视频运营者可以拍摄一次庆祝生日时的家庭晚餐 Vlog，记录快乐时光，如图 12-1 所示。

图 12-1　家庭晚餐 Vlog

2. 生活纪实拍摄

有时候一场有意义的旅行会让我们牢记一辈子，付出时间和努力的事情总是会变得特别有意义。比如，和朋友们一起看着枫林尽染的悠闲场面就是一个不错的选择，如图 12-2 所示。

图 12-2　枫林尽染 Vlog

3. 美食分享拍摄

俗话说："民以食为天。"中国人很注重吃，美食栏目是一个比较经典的节目，并且永远不会过时。中华美食门派众多，很容易创作出新的口味，食材也非常丰富，而且每一个中国人都有下厨的天赋。

所以，美食主题是最火的话题之一，是新手刚开始拍摄 Vlog 时可以着手的一个好主题。图 12-3 所示为美食类的 Vlog。

图 12-3　美食类的 Vlog

4. 搞笑娱乐拍摄

现代生活的节奏较快，大家对喜剧和娱乐的需求越来越强烈，搞笑类的 Vlog 一直占据着最火的视频赛道，只要你的段子足够好玩、有创意，大家就会忽略你的摄影技巧。

搞笑类的视频受众比较范围广，男女老少皆宜，只要不涉及黄赌毒，这类视频是很容易吸粉引流的一个分类。图 12-4 所示为搞笑娱乐的 Vlog。

图 12-4　抖音上比较搞笑的 Vlog

蹭热点事件：借助马太效应提升 Vlog 流量

对于 Vlog 创作者来说，蹭热词已经成为一项重要的技能。笔者总结出了 3 个蹭热点的方法，下面具体介绍。

1. 短视频话题与热词吻合

以"美食摄影"热词为例，从搜索结果来看，排在首位的就是有"美食摄影"这个热门话题词汇的短视频，如图 12-5 所示。

图 12-5　短视频话题与热词吻合

　　Vlog 创作者可以利用热搜寻找当下的热词，并让 Vlog 高度匹配这些热词，得到更多的曝光。如果某个热词的搜索结果只有相关的短视频，这时短视频标题的编辑就尤为重要了，Vlog 创作者可以在文案中完整地写出这些关键词，提升搜索匹配度的优先级别。

2. 短视频选用与热词关联度高的 BGM

　　例如，从 "Friendships" 这一热搜词返回的搜索结果来看，部分抖音短视频从文案到标签，都没有 "Friendships" 字样。这类短视频之所以能得到曝光机会，是因为 BGM 使用了《Friendships》这首歌，如图 12-6 所示。

　　因此，短视频运营者制作的短视频通过使用与热词关联度高的 BGM，同样也可以提高短视频的曝光率。

3. 短视频内容吸引观众眼球

　　下面分 4 个点教大家制作比较有吸引力的 Vlog 的具体方法。

　　（1）外在形象美

　　在 Vlog 中经常会出现人，这个人可能是我们自己，也可能是别人，不

图 12-6　选用与热词关联度高的 BGM

管是谁出镜，我们都希望把人拍得美美的。那么，有哪些把人拍美的技巧呢？下面详细介绍在 Vlog 中把人拍美的多种方法。

有些人的外在形象就很美，本身就是美女或帅哥，长得很有观众缘，或者穿着打扮特别时尚，让人看着大饱眼福。这样的人本身先天条件就很好，那么不管怎么拍都好看，自然吸引观众眼球。

（2）有自己的特色

如果你本身长得不漂亮，也不帅，但是只要你的 Vlog 有特色，那么别人就觉得里面的人物很帅。比如，一个大叔每天把自己辛苦"搬砖"养家糊口的样子录成视频发出来，也会有很多人喜欢看，而且大家都觉得大叔很帅、很伟大，这就是有自己特色的 Vlog。

（3）尽量化妆

化妆能遮掉脸上的很多瑕疵，所以，我们尽量化妆上镜，这样能提升整个人的气质，让人看上去更美。如果 Vlog 中的人物面容太憔悴或者气色不好，会引起粉丝的讨论，那么评论区的文字就没有那么优美了，尤其是明星的 Vlog。

另外，因为在镜头中妆感会被削弱，所以需要适当加强五官的立体度。可以选择大地色的哑光眼影对眼睛的轮廓进行加强，让眼睛更深邃，在鼻子两侧、脸颊、颧骨下方可以按照自身脸型进行修饰；高光可以和修容一起搭配使用。

（4）笑容抵御一切

俗话说："爱笑的人，运气都不会太差。"在 Vlog 领域也一样，笑容能抵御一切，如果你长得不太好看，就一定要多笑，在视频中多笑一笑，通过表情去传达乐观、积极的心态，大家也会觉得你很美。

拍摄计划：根据 Vlog 剧本快速创建拍摄计划

在拍摄一段自己的 Vlog 之前，一定要做好相关的拍摄计划，这样后续的拍摄才能顺利进行。本节主要为读者详细介绍拍摄 Vlog 前需要做的准备工作。

1. 想要会拍就得先模仿

多拍多看是拍摄 Vlog 的好方法，只有拍得多了才能掌握自己的拍摄节奏。

多看别人拍摄的视频，可以学到不同的风格。经过多种尝试，最后确定自己的风格体系。图 12-7 所示是笔者拍摄的旅游 Vlog 画面。

图 12-7　旅游 Vlog 画面

2.如何搜索需要的短视频

互联网的发展越来越快，很多不懂的问题大家可以去网上搜索，即可得到答案。如果我们想要拍摄一段公园风景 Vlog，可以先到比较火的视频软件上搜索，看看别人是怎么拍摄的。以抖音短视频 App 为例，具体操作步骤如下。

步骤 01 打开抖音短视频 App，进入搜索界面，在上方的文本框中输入搜索的关键字，如"公园风景"，如图 12-8 所示。

步骤 02 点击"搜索"按钮，即可搜索到如何拍摄风景 Vlog 的相关视频，从别人发布的短视频中进行学习，如图 12-9 所示。

图 12-8　输入要搜索的关键字　　　图 12-9　搜索到相关的短视频进行学习

3. 拍出好的 Vlog 具备的要素

在拍摄 Vlog 的时候，有哪些技巧可以提升短视频的质量呢？笔者认为可以从 4 个方面来展开，如图 12-10 所示。

图 12-10　好的 Vlog 具备的要素

下面笔者分别对这 4 个要素进行详细分析。

（1）画面中的主体要突出

拍摄 Vlog 的重点在于主体要突出，这样观众才会知道你在拍什么。图 12-11 所示为在草丛拍摄的关地花的 Vlog，画面背景简洁，主体十分突出。

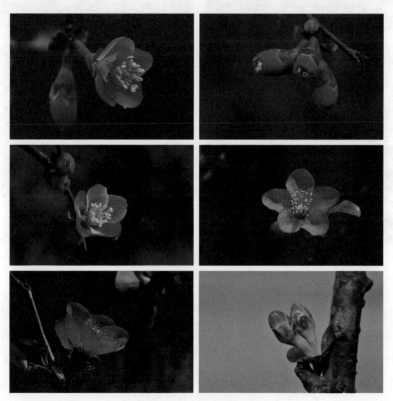

图 12-11　画面主体突出

（2）画面中的主题要明确

Vlog 的主题就像是故事线，一条明确的故事线，可以更好地激发拍摄者的灵感。就像拍摄美食，要先想好是拍某地特产或者是街边小吃，还是拍摄网红爆款，然后沿着故事线的发展去拍摄，否则 Vlog 的整体会很杂乱，让观众没有记忆点。

图 12-12 所示为在一家特色火锅店拍摄的美食 Vlog，根据网上的推荐排行去"打卡"试吃，可以拍摄成一篇测评美食的 Vlog。

图 12-12　画面的主题明确

（3）画面的明亮度适宜

拍摄 Vlog 要保证画面的明亮度适宜。很多观众会因为画面的舒适度而选择去留。所以，在拍摄 Vlog 时，尽量注意光线的明暗，当光线不足时，可以选择补光的道具进行补光操作。图 12-13 所示为在光线不足的室内，使用补光道具拍摄的 Vlog 效果。

图 12-13　画面的明亮度适宜

（4）画面中的元素清晰有美感

无论拍摄什么样的内容，都要保证画面简洁、干净，一旦画面杂乱，就很难拍得好看。所以，要保证想要突出的细节清晰且有美感，这就要求大家多拍多练。图 12-14 所示为清晰且有美感的画面。

图 12-14　画面清晰有美感

4. 什么是好的 Vlog

在拍摄 Vlog 之前，我们需要知道什么才是好的 Vlog，以及如何拍出好看的 Vlog 短视频。然后再开始创作 Vlog，会起到事半功倍的效果。

（1）画质清晰

一定要保证拍摄的 Vlog 画面清晰，如果出现抖动模糊，会非常影响观众的观感。图 12-15 所示为清晰画质与模糊画质的效果对比。

图 12-15　清晰与模糊画质对比

（2）简洁美观

Vlog 需要吸引观众十几秒到几分钟的注意力，如果 Vlog 画面很美，或者画质特别清晰，那么你在视觉上就胜利了。如图 12-16 所示，整体画面十分优美，昆虫给人一种活灵活现的感觉。

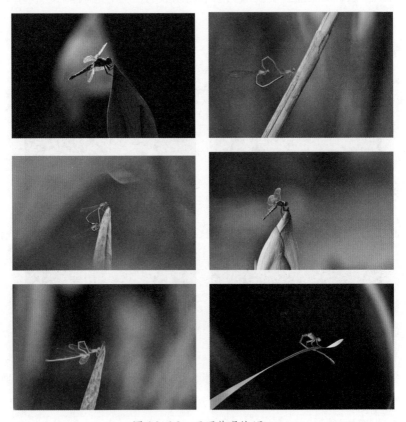

图 12-16　画面美观的 Vlog

拍摄素材：全方位了解 Vlog 制作过程

要制作一个成品 Vlog，首先需要分镜头拍摄 Vlog 片段，比如用分镜头记录在户外玩耍的一天，然后将 Vlog 片段进行细致的处理，最后得到一个完整的 Vlog 作品。本节介绍分镜头拍摄 Vlog 片段的具体方法。

散步的场景往往很难拍得好看，但是利用平视的视角，采用大量中景和近景镜头从侧面拍摄人物，可以展现人物的轮廓美，如图 12-17 所示。

图 12-17　侧面拍摄人物散步场景

出去散步会遇到许多特色小店和特色街道，这都是拍摄 Vlog 很好的素材。当人物手中拿着物品时，可以通过近景和中景进行拍摄，这时人物的动作可以看得比较清楚，如图 12-18 所示。

图 12-18　人物逛特色街景的镜头

吃饭是一天当中必不可少的生活画面，所以我们也可以将这些场景记录在 Vlog 中。拍摄餐桌和食物一般采用俯视的角度，这样可以将食物比较完整地拍摄出来，让美食更吸引人，如图 12-19 所示。

图 12-19　拍摄食物的镜头

在户外玩耍时怎么能忘记"打卡"拍照呢？当遇到好看的景点时，当然要停下来好好拍几张，如图 12-20 所示。

图 12-20　打卡拍照的镜头

到了晚饭时间，来到了食材丰富的夜市，这里有各种色香味美的小吃，记录到 Vlog 中，更能勾起大家的味蕾，如图 12-21 所示。

图 12-21　逛夜市的镜头

拍摄夜晚城市海岸场景时，主要采用远景镜头，可以很好地呈现出宁静的氛围，如图 12-22 所示。

图 12-22　夜晚城市海岸的镜头

刚开始拍摄的 Vlog 是一个一个的小片段，我们需要将这些视频片段进行剪辑与合成，才能制作出一个完整的 Vlog 作品。下者将介绍如何制作一个成品 Vlog。

1. 对多段视频进行剪辑

下面介绍使用剪映 App 剪辑与合成视频片段的操作方法。

步骤 01 打开剪映 App，点击"开始创作"按钮 ⊞，如图 12-23 所示。

步骤 02 打开手机素材库，选择需要导入的多段视频文件，如图 12-24 所示。

图 12-23　点击"开始创作"按钮　　　　图 12-24　选择多段视频文件

步骤 03 点击"添加"按钮，导入多段视频素材，在轨道中会自动按导入的顺序排列素材，将时间线移至相应位置，可以查看视频的画面效果，如图 12-25 所示。

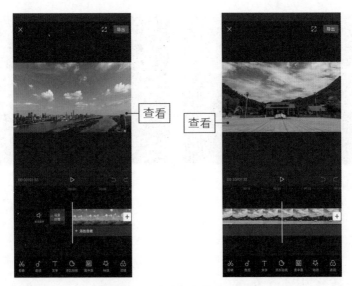

图 12-25　查看视频的画面效果

步骤 04 接下来剪辑视频素材，❶ 将时间线移至 00:03 秒的位置；❷ 点击界面左下角的"剪辑"按钮🔪，如图 12-26 所示。

步骤 05 弹出相应的功能按钮，点击"分割"按钮**Ⅱ**，如图 12-27 所示。

图 12-26　点击"剪辑"按钮

图 12-27　点击"分割"按钮

步骤 06 即可将素材分割为两段，中间显示"分割"按钮▯，如图 12-28 所示。

步骤 07 ❶ 选择分割后的一段视频；❷点击"删除"按钮▯，如图 12-29 所示。

图 12-28　将素材分割为两段　　　　　图 12-29　点击"删除"按钮

步骤 08 执行操作后，即可删除不需要的视频片段，大家可以使用相同的方法剪辑其他的视频片段。待视频剪辑完成后，点击预览窗口下方的"播放"按钮 ▶，预览剪辑、合成后的视频画面效果，如图 12-30 所示。

图 12-30　预览剪辑、合成后的视频画面

2. 对多段视频进行合成

在使用手机拍摄 Vlog 时，如果拍摄技巧不是很好，很难直接用一个长镜头就将整段 Vlog 拍摄下来，一般都会选择分段拍摄，再将分开的小片段合成一整段视频，从而完成完整的 Vlog。

在剪映 App 中，只要将几段视频按顺序添加到视频编辑界面，在视频编辑界面中的视频就是已经合成一整段视频的效果，但如果想让视频与视频交界处更加自然顺畅，还可以使用剪映 App 中的转场效果对视频进行合成，具体操作步骤如下。

步骤 01 继续上一例的操作，❶点击 按钮；❷选择"闪黑"转场效果，为视频添加转场效果，如图 12-31 所示。

图 12-31　为视频添加转场效果

步骤 02 拖曳"转场时长"滑块，可以调整转场效果持续时间，如图 12-32 所示。

步骤 03 ❶点击"应用到全部"按钮 ，即可将转场效果应用到所有视频当中；❷点击"导出"按钮，即可将视频导出，如图 12-33 所示。

图 12-32　调整转场时长

图 12-33　将转场效果应用到全部视频中并导出视频

3. 调整视频的色调

在剪映 App 中，还有非常多的滤镜可以选择，操作也十分简单。下面为大家介绍使用剪映 App 中的滤镜来调整视频色调的方法。

步骤 01 继续上一例的操作，选中需要编辑的视频片段，❶ 点击"滤镜"按钮█；❷ 在滤镜菜单中选择"清晰"滤镜，即可为视频添加滤镜效果，如图 12-34 所示。

图 12-34　添加滤镜效果

步骤 02 我们还可以尝试多种滤镜，找到满意的色调效果，如图 12-35 所示。

图 12-35　尝试多种滤镜效果

4. 在视频中添加标题字幕

为视频添加标题字幕，可以起到对视频画面补充说明的效果，能够让观众一眼就知道这一段视频的主题是什么。除此之外，视频字幕的添加，还能丰富画面内容，使画面更加完整，其操作步骤如下。

步骤 01 继续上一例的操作，❶ 点击"文字"按钮 **T**，进入文字选项卡；❷ 点击"新建文本"按钮 **A+**；❸ 输入标题文字，如图 12-36 所示。

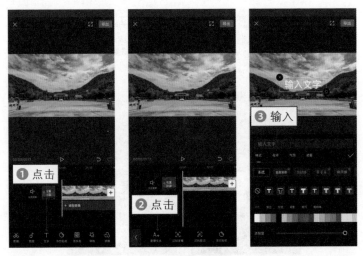

图 12-36　为视频添加标题文字

步骤 02 ❶ 切换至"气泡"选项卡；❷ 选择合适的气泡模板，并适当调整文字的位置，如图 12-37 所示。

图 12-37　选择合适的气泡模板

步骤 03 切换至"花字"选项卡，选择合适的花字效果，如图 12-38 所示。

步骤 04 点击"确认"按钮✓，即可完成 Vlog 标题字幕的添加，图 12-39 所示。

图 12-38　选择合适的花字效果　　　　图 12-39　点击"确认"按钮

步骤 05 按同样的方法，为不同主题的视频添加标题字幕，如图 12-40 所示。

图 12-40　为其他场景添加标题字幕

5. 为视频添加语音旁白

下面介绍在 Vlog 中录制语音旁白的方法，具体步骤如下。

步骤 01 将时间线移至 00:02 的位置，点击"录音"按钮，如图 12-41 所示。

步骤 02 弹出相应的面板，需要点击"按住录音"按钮，如图 12-42 所示。

图 12-41 点击"录音"按钮　　　　图 12-42 点击"按住录音"按钮

步骤 03 ❶ 按住录音按钮不放，开始录制语音旁白；❷ 同时显示音频的音波，如图 12-43 所示。

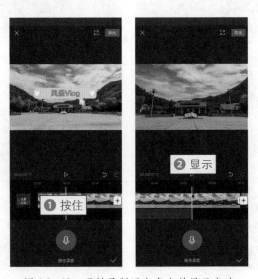

图 12-43 开始录制语音旁白并显示音波

步骤 04　语音录制完成后，点击右侧的"确认"按钮☑️，如图 12-44 所示。

步骤 05　确认录音操作，此时录制好的声音显示在轨道中，点击"导出"按钮，即可将视频导出，如图 12-45 所示。

图 12-44　点击"确认"按钮

图 12-45　导出视频文件

步骤 06　导出视频并浏览效果，如图 12-46 所示。

图 12-46　浏览视频效果

开头剧本：设计一个充满仪式感的开篇方式

Vlog 视频的开头有多种形式，最常见的有 3 种，如直接开头法、悬念开头法及提问开头法，本节主要针对这 3 种 Vlog 的开头形式进行讲解。

1. 直接开头法

Vlog 视频的直接开头法非常简单易懂，就是在一开始就播放主题内容，不拖泥带水，很直接地进入正题。比如，拍摄一个参观景点 Vlog，开头没有什么语言描述，直接进入内部参观浏览，非常地直白，如图 12-47 所示，

图 12-47　直接开头式的 Vlog

2. 字幕开头法

字幕开头法就是在 Vlog 的片头加上字幕，利用语言文字的魅力引导观众进入某种状态。图 12-48 所示为下班拍摄的一段 Vlog，加上字幕开头后显得十足高级，让主题更加明确，视频内容也得到了升华。

图 12-48　字幕开头式的 Vlog

3. 提问开头法

很多火爆的视频都采用悬念（提问）式开头，这样可以吸引观众的视线，大部分观众会对内容产生好奇心。

图 12-49 所示为提问式开头的 Vlog。在开头进行提问，在过程中为观众解答，整段视频比较完整，可以让观众学到东西。

图 12-49 提问式开头的 Vlog

TIPS 088 结尾剧本：让观众记住你，对你印象更深刻

　　Vlog 的结尾非常重要，合理地利用结尾，可以让观众记住你，对你印象深刻，还能引导他们下次再过来看你的 Vlog，这样就会慢慢地聚集大量粉丝。本节主要介绍几种常用的 Vlog 结尾类型。

1. 互动式结尾

互动式结尾看上去会更加贴近生活，与观众沟通得到一些有建议性的评论，是对双方都比较有利的一种结尾方式。

如图 12-50 所示，短视频运营者提出了问题，观众可以在评论区留言。短视频运营者下次拍摄的主题，就是大部分观众期待看到的内容了。

图 12-50　互动式结尾

2. 动态文字结尾

还有一些 Vlog 是以动态的文字效果来结尾的，比如"咱们下期再见""下一顿饭，再见""感谢大家的收看"等，这种结尾方式也属于固定仪式感的结尾，在一般的 Vlog 中比较常见。

图 12-51 所示就是我制作的美食 Vlog 的结尾。背景是视频画面，然后在 App 中添加了相应的文字，文字是以动态的方式呈现出来的。

图 12-51　以动态文字来结尾的 Vlog

上面呈现给大家的那种动态文字结尾，是在 Vlog 画面的基础上进行设计的。还有一种结尾的动态文字是在黑幕背景上进行设计的，观众也比较喜欢看，如图 12-52 所示。以这种方式结尾的文字具有互动性，能够引导大家关注、点赞及评论等。

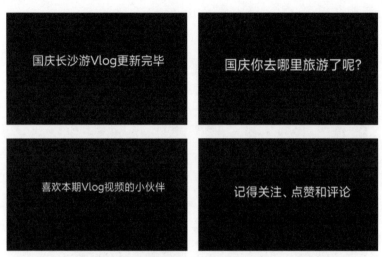

图 12-52　在黑幕背景上设计动态文字

3. 抽奖福利式结尾

有些 Vlog 结尾会设计一些抽奖福利送给观众和粉丝，如图 12-53 所示。

图 12-53　抽奖福利式结尾

这样做的好处是提升粉丝的好感度与黏性，让她们喜欢看你的 Vlog，并且会关注你下次发布的 Vlog，同时也能提升 Vlog 的完播率。

4. 渐消失式结尾

渐消失式结尾是指画面从正常的亮度慢慢到变黑的状态，直至 Vlog 结束。图 12-54 所示为以消失式结尾的 Vlog，就是让画面慢慢淡化到黑色的结尾效果。

降明度　　　　　　　　　　　　　　　　变黑色

图 12-54　渐消失式结尾的 Vlog